日本電産流
V字回復経営
の教科書

経営コンサルタント
川勝宣昭
著

東洋経済新報社

プロローグ

◆「すぐやる、必ずやる、出来るまでやる」の15文字

　そこは京都にある日本電産本社の一室。私はこれから社長である永守重信氏の面接を受けるために待機していた。ほどなく永守社長が入ってこられて話の口火を切られた。話の内容は創業時のことから今後の成長と課題など多岐にわたり、止まる気配は一向にない。こうして私の話を聞こうともなさらない一風変わった採用面接は、約1時間あまり続いた。

　対する私の質問はたった1つで、「日本電産は、なぜもの凄いスピードで伸びているのですか。何かトヨタの『かんばん方式』のような秘密があるのですか？」というものであった。1998年当時の日本電産は、現在ほどの規模ではないにせよ、ベンチャー企業として急成長を続けており、連結売上高はすでに1300億円を超えていた。私はその要因を尋ねたのである。

　永守社長は「そんなものはない。たったこれだけや」と言って、1枚の会社案内を机の上に置かれた。

　「すぐやる、必ずやる、出来るまでやる」。この15の文字が私の目に飛び込んできた。体の中を電気のようなものが駆け抜けた。言葉の不思議な魔力に突き動かされた。「これだ！　自分が求めていたのは！」。私が、第2の人生は日本電産で送ろうという気持ちが固まった瞬間であった。

◆サラリーマン、第2の人生に賭ける

　当時、私は五十歳代半ば。日産自動車に籍を置き、最後の勤務地であ

る南アフリカで、現地の自動車製造・販売会社の指導にあたっていた。55歳で役職定年を迎えるにあたって新たな就職先を探していた。希望はニッサンのニの字もない全くの新天地。それには私なりの理由があった。

私は、南アフリカに赴くそれまでの十数年間、平社員のときから、「日産のガン」といわれた労組ボスの追放工作に明け暮れるサラリーマン人生を送っていた。私はこれを、自分が日産にいる限り貫徹すべきライフワークと決めていた。吹けば飛ぶような一介の平社員がそのようなことをやるのは、狂気を通り越していた。組合が人事に圧力を掛ければ、あっという間に生活の基盤を失う。私は毎日、辞表を懐に出社した。

私が倒そうとする相手は、日産圏（日産自動車本体、部品メーカー、販売会社）16万名の組織の頂点に十数年間君臨し続ける人物。その組織力（集票マシーン）ゆえに中央政界にも隠然たる影響力を持ち、一方では、日本に数艇しかないといわれる豪華ヨットを所有し、夜な夜な銀座で豪遊を重ね、マスコミから稀代の労働貴族と呼ばれても恬として恥じない人物であった。

その当時に刊行された高杉良氏の小説『覇権への疾走』と『破滅への疾走』2部作は、日産のこのような労組ボスの実像と異常な労使関係の実態に迫ったもので、私とおぼしき人物も、「正義派ミドル」として作中に登場する。

戦後永らく日産の労使関係は「相互信頼」という言葉で表現されてきたが、美名の陰での内実は、労組による経営権への異常なまでの介入であり、重要な経営事項はすべて組合との事前協議を必要とし、組合の承認なしには進められなかった。このような状況の中で、まともな労使関係を取り戻そうとして登場したのが石原俊社長であった。組合は権力維持のために「石原潰し」に狂奔する。

海外戦略は一切反対。生産面では、ほんの些細な問題を針小棒大に取

り上げて、国内7つの全工場を順繰りに1週間ずつ違法にラインストップし、経営者の降伏を迫る。増産と人手不足対策のために導入した数百台のロボットも、組合は雇用無視と言い掛かりをつけて、組合員でもある技術員に命じて検修作業を禁止させ、1年間も工場の入り口で棚ざらし。

　会社は当時の売り手市場の中で、得べかりし膨大な利益を失い、製造メーカーとしての生命線である生産性は、軽を含む国内乗用車メーカー8社の中で最低に沈んでいた。

　たった1人の異常な労組ボスを倒せば、日産はまともな会社に立ち直れる。私の行動は、初めはこのような正義感から出た単独に近い行動であったが、管理職になるに及んで、問題意識の高い管理職有志が集まる一種結社のような活動に発展させ、ついにはこれが6万人の社員集団を揺るがす運動となり、苦節十年の末、ようやく日産から極悪性のガンを取り除くことができた。

　今日の日産はカルロス・ゴーン体制の下、経営陣は大胆な経営政策を思いのままに実行できる会社となったが、それを考えると隔世の感のある出来事であった。

　私は、こうして自分のライフワークと定めた仕事を成就した。またこれによって、三十数年お世話になった日産には、いくばくかの恩返しができた。次の人生は、全く自分の知らない世界で自分を試してみたい。そういう願望に駆られていた矢先に、あの15文字の言葉に出逢ったわけである。

◆「スピード」と「徹底」の会社は、こんなにも違うものなのか

　同じ日本の会社なのに、会社とはこんなにも違うものなのか！　それが、私が55歳の新入社員として日本電産に入って最初に得た感慨であった。

- 昼間に会議は全くない会社。例外は緊急クレーム時だけ。昼間の時間は、顧客へのスピード対応と自らの業務の効率化に100％充てる。これが社員の日常スタイル。
- 永守社長に稟議書を出すと、たとえ海外出張中であろうと、たちどころに返ってくる。
- 営業が「機関車」になることが要求される。だから、営業が常に一軍の位置にいる。
- 全部署が顧客を向いている。
- 業務スピード、対顧客スピードが並のレベルを超えている。組織の感性、DNAとなっている。
- 開発・工場は、営業部門の支援部署と位置づけられる。だから当時、組織名も「○○開発支援部」「○○生産支援部」という名称になっていた。何を支援するのか、それは営業である。
- 全グループ会社の全部署が1週間に1回、月に4回も月次計画のフォローをやる。だから、月次計画の達成精度が抜群である。月次計画の達成度が高いから、それを12カ月分集めた年度計画の達成精度が高い。だから、日本電産は途中の年度末決算予測での下方修正をほとんどやらない。だから世界中の機関投資家の信頼が高く、高株価を維持できる。

　入社したばかりの私はそういう風景を見た。そして、感じた。普通の会社とのあまりの違い。そして、中に入って日本電産流の仕事術に触れてみて、自分でもやってみて、さらに驚いた。
　私の仕事は、日本電産が買収した赤字の会社に実際に赴き、経営者として黒字にすることであった。永守社長の言葉を借りれば、「集中治療室にいて、外には霊柩車が待っている」ような重症の赤字に沈んだ会社を蘇らせることである。しかも、たった1年以内に。買収会社の業界経験皆無、営業・製造知識皆無、人脈皆無の人間にそんな芸当ができるの

か？　当然の疑問であった。

　そして、結論から言えば、私にもできた。私だけでなく、銀行出身者で不動産の担保査定には抜群の才能を持つが、製造会社の原価計算もやったことのない、限界利益とは何かも知らなかった人間でもできるのである。

　しかも、それだけではない。創業から今日まで過去40年間、日本電産が買収した五十数社のすべてを、1社の例外もなく、ほぼ1年以内に黒字にして蘇らせている。

　これはとんでもないくらい凄いことだ。日本電産永守流経営学には、企業を強くする、優れた普遍性のある方程式がビルトインされているに違いない。私は自分が、今までとは経営哲学、経営メソッドが全く違う経営に出会っているということをひしひしと感じた。

　私が日本電産に在籍していた7年間は、1つの再建が完了すると次の再建現場に向かうという、再建稼業に明け暮れる日々が続いたが、次の現場で再建の即戦力となるようなメソッド集が欲しい、なんとかメソッドとして体系化し役立てたい。それが、私がメソッド化を心がけた動機である。

　このうち、営業のメソッドは当時の日本電産で使われていたものではない。私のいくつかの再建現場から生まれたものである。

　売上増大という、不振企業にとって喉から手の出るほど欲しい課題にどう取り組むのが一番効率的か？　日本電産という、営業力が日本でも有数のものを持っている企業と違って、きわめて低レベルにしか持っていない買収企業に、どうつけさせたらよいか？　精神論ではなく科学的な方法で。しかも、1年以内に実効をあげさせる方法論として。

　これが、私が再建の現場作業において考えたことである。会社によって営業の個人戦力、組織戦力はずいぶん異なるので、どの会社の営業にも通じるメソッドを考案することが、再建において急務であった。本書にまとめた営業メソッドの始まりは、そのような再建現場が発端となっ

たが、その後、私が経営コンサルタントとして独立してから追加されたものも多く含んでいる。

　これらのメソッドは、組織戦力強化に関するものが大半であり、営業部門での「分析→計画→実行→フォロー」という広範囲の領域をカバーしている。組織戦力強化に関するメソッドとしては、このように体系化されたものは、今まで類書にはなかったことであり、その点で、毎日の営業現場で営業力強化に苦闘しておられる経営者、経営管理者の方々には、大いにお役に立てられるのではないかと自負している。また、メソッドの見える化を徹底した。この点も本書の大きな特長である。

　コストダウンについては、本書でまとめたメソッドの7割は、日本電産で使われているもの、3割は私が再建現場で使ったオリジナルである。日本電産のメソッドは、すでに書籍やビジネス誌で紹介されているが、本書では、読者が取り組みやすいように、1つの切り口でまとめた。それは「時間」という切り口である。コストの問題を時間という角度から眺めると、今まで気づかなかった場面が見えてくる。読者の皆さんに体感していただきたい新たな視点である。

◆「スピード」と「徹底」の会社にするための3条件

　日本電産の計画達成力は際立って優れている。「すぐやる、必ずやる、出来るまでやる」が心底、会社の中に落ちている。「すぐやる」は"スピード"であり、「必ずやる、出来るまでやる」は"徹底"である。では、どうしたらそういう会社になれるのか？

　これが本書の中を貫いて通奏低音のように流れるテーマである。本書の説明の多くは、再建という場面をイメージしているが、日本電産の再建は、元に戻すという意味合いの「建て直し」ではない。元とは全く中身、質が違う会社にする、つまり、「作り直し」である。再建にかこつけて、実はダントツの一番会社にすることである。どんな環境下でも戦いに勝てる企業を作ることである。「どうせやるなら、一番に」の精神

である。

　では、そういう企業を作るためには、どういう条件が必要なのだろうか？　戦いに勝つ条件ということなので、問題を軍隊に置き換えて説明しよう。

　ビジネスの問題を軍隊になぞらえて説明することは必ずしも適切ではないが、状況をシンプルにし、イメージしやすいという長所があるので、あえてそういう比喩を恐れずにやってみよう。

　戦いに勝てる強い軍隊にするためには、まず「武器」が必要である。しかし、優れた武器を持たせても強い軍隊にはならない。同じ武器を持っていても、強い軍隊と弱い軍隊の差が出る。そこで人間としての兵士を強くしなければならない。つまり、「兵士の鍛錬度、どんな状況でも諦めないメンタリティー」である。これが２番目の条件。

　軍隊という、結果を出すことが最重要視される組織において、オペレーション（部隊運用）の段階での、この２つの条件が欠格ではお話にもならない。だから、どの軍隊組織もこの２つを徹底して鍛え上げる。そして、それだけではまだ不十分である。軍隊では戦況（ビジネスにおける競争環境）が目まぐるしく変わるわけであるから、その状況変化に応じた、最適な作戦を部下に授けることのできる、優れた「指揮官」が必須である。

　これをビジネスの問題に戻せば、武器は仕事を進めるうえでの「メソッド、経営手法」に相当する。兵士の鍛錬度、メンタリティーは、その会社の「企業カルチャー」である。指揮官は、いうまでもなく「経営リーダー」である。

　つまり、どんなレッドオーシャン（戦況）でも勝ち抜ける会社を作るには、オペレーションのレベルつまり社員の日常の業務執行の段階で、優れた手法（メソッド）を身につけさせ、組織のカルチャーをスピード力、徹底力のあるものにしなければならない。

　この２つが優れているかどうかで、その企業の実行力、実行体質が決

まる。私は本書でこの2つをまとめて「地べた経営力」と呼んでいるが、日本電産の強さは、この地べた経営力の強さでもある。

そして、この地べた経営力を同業他社以上に優れたものにしたうえで、良き会社づくりの最後の要は、リーダーである。リーダーは会社の「今日の姿」を代表する地べた経営力の質を高め、拡大再生産すると同時に、会社の「明日の姿」としての将来ロードマップを社員に示し、社員を導かなければならない。

リーダー、メソッド、カルチャー、この三位一体経営が、良き会社づくりのための絶対的な要件である。

これが日本電産で永守流経営学を叩き込まれた私が到達した結論であった。

◆意識改革（企業カルチャー改革）はメソッドを生かす土壌

私は日本電産に入る前の前職、日産では前述したように、小振りの組織を預かる管理職であった。そして、多くの大企業の中間管理職がそうであるように、左脳肥大症的な私の頭の中は、経営はもっぱらメソッドだ、戦略だとの考えで凝り固まっていた。

仕事柄常にぶつかるトヨタ自動車が、「かんばん方式」をはじめとするキラ星のごときメソッドの宝庫のような会社であったことも影響していた。私が日産に入社した時点で均衡だった市場シェアは、10年、20年と年を経るごとにトヨタの半分になっていったが、その原因はメソッドのある、なしにあると頭から信じて疑わなかった。

だから、トヨタのメソッドについては、ずいぶん研究した。トヨタマネジメントの1つの核となっている「方針管理」は、私自身全社導入の旗振りをやり、マニュアルも書いた。しかし、この優れたマネジメントメソッドは日産では定着せずに2、3年で消えていった。かんばん方式の導入も、同様の運命をたどった。

彼我のシェア差が抜き差しならない状況になって、大手外資系コンサ

ルタント会社の指導の下で戦略の全面見直しも行った。彼らの分析と戦略は素晴らしかった。しかし、そのメソッドと戦略が生きたのは経営者一代限り。経営者が交代すると、あれだけ脚光を浴びていたメソッドと戦略も萎んでいった。

　なぜ日産では物事が一過性で終わるのか？　なぜ決めたことをモノにできないのか？　そういう疑問点が未解消のまま、日本電産に入った私が、異次元空間と思えるような違った環境に身を置いて、衝撃を受けた話は前述したとおりである。

　そういうモヤモヤ状態の私にとっては、日本電産の再建という現場は、その解答を見つけるのには、うってつけの場所であった。それは、1年という時間軸の中で結果を出さなければならない、速攻と即効が求められる世界であった。

　いくらメソッドだけ優秀であっても、実行する組織が「ダラダラ」の状態では何にもならない。組織を鍛え直しておかなければならないのである。それにはどうすればよいか。

　結論から言うと、メソッドに対する組織の受容マインドを上げておかなければならない。つまり「スピード」と「徹底」の「意識改革」による組織改革である。これしか優れたメソッド、戦略を生かす道はない。

　永守社長が企業再建の着手段階において、なぜあれだけ意識改革を重要視されるのかの理由が、ここに至ってようやくわかったのである。戦略とメソッドが先ではない。意識改革が先である。前段で三位一体経営がカギだと述べたが、もっと正確に言うと、意識改革で組織を変えておかなければ、三位一体が万全の状態にはならないのである。

　日産で、いくら優れた戦略なり、メソッドを入れても組織に根づかなかった理由も、この意識改革のプロセスがなかったからである。

　本書は上記のようなコンセプトの下で著している。本書では、構成上メソッドを先に持ってきているが、考え方としてはあくまでも、「意識

改革（カルチャー改革）」が前提である。

　したがって、読者の皆さんには、このメソッドとカルチャーの関係を念頭に置きながら、営業のメソッドなり、コストダウンのメソッドをお読みいただきたい。良きメソッドは良きカルチャーの下でこそ生きるのである。

　章立てとしては、営業に関するメソッドを第2章から第5章まで充て、コストダウンは第6章に配置した。意識改革（カルチャー改革）は、最後の第7章と第8章に持ってきてある。

◆ 自分の作品を作る

　経営者なら、自分の会社をどんな会社にするか？　経営管理職なら、自分の部署をどんな部署にするか？　経営者にせよ、管理職にせよ、このことは日々考え、求め続けていることである。それをもっと突き詰めると、自分の置かれた場所でどんな作品を作るか、あるいは残すかということではないだろうか。

　仕事を通じて、誰にもできない自分の作品を作る。このことを考えたとき、人は襟を正して自分の仕事を見つめ直す。画家がキャンバスに向かうように、作曲家が五線譜に向かうように。

　経営とは、経営者が自分の会社に「自分の作品を作り、残す」ことではないだろうか。

　私は京都で永守社長にお目にかかり、縁あって日本電産に入り、「凄い経営」に遭遇した。人生、二度とないチャンスにめぐり逢った感じであった。こんな凄い経営、見たこともない。がむしゃらに食らいついていこうと、再建の現場で自分に言い聞かせたものである。

　再建は時間が勝負。まして目標が1年以内の黒字化ならなおさらだ。私が朝出した指示がうまく滑り出しているのかを夕方チェックし、修正が必要ならそれを出して、翌日の行動計画を決める。それを営業、生産、スタッフ各部署にわたってやるので、戦場のような目まぐるしさと

いっても過言ではない。

　毎日がプレッシャーと緊張感の連続。それと同時に得られる達成感と充実感の爽快さ。永守流方程式が効いていくのである。社員の顔色が変わっていくのが何よりの手応えであった。

　私は7年間勤めた日本電産を退社し、経営コンサルタントに転じたが、退社にあたり、永守社長にお礼を込めて1通の手紙を書いた。「私が日本電産にお世話になった7年間は、前職に在籍した日産の三十数年と比べると5分の1でしたが、得られたものは日産の数百倍以上のものでした」と。

　私は今回、本書で7年間に私が蓄積した教訓と、その後のコンサルタント人生で得たものをまとめて、私の引き出しを開けて、読者の皆さんにお届けしようと思う。これらが経営者や経営管理に携わる方々の「作品づくり」のお役に立てられるなら、筆者としてこれほどの喜びはない。

　2016年冬

川勝宣昭

日本電産流「V字回復経営」の教科書

目　次

プロローグ　003

第 1 章 ◆ なぜ今、日本電産流経営が必要なのか　021

1　企業経営に迫り来る環境変化　021

2　2000年以降の15年間をレビューする　024

2-1 ▶ 日本の競争力の減退と環境変化、
　　　それがもたらす企業経営へのインパクト　025
2-2 ▶ 先の見えない人口急減化社会の到来　028

3　日本電産の「凄みの経営」をレビューする　033

3-1 ▶ 速効型V字回復経営　033
3-2 ▶ 巧みなM&A戦略　037
3-3 ▶ 日本電産は、なぜこのようにうまくM&Aを成功させるのか　038
3-4 ▶ 個別の再建事例で見る「スピードと徹底」経営　041

4　人口急減社会の到来——本気で動き出した大企業　045

第 2 章 ◆ 営業強化 分析のメソッド　053

1　組織営業力とは何か　054
Coffee Break　生産のメソッドと営業のメソッドを比べてみよう　058

2　自社の顧客構造を分析する　059
Coffee Break　パレートの法則の由来　069

3　自社の市場構造を分析する　070
Coffee Break　ランキング表作成のためのデータベース　076

4　自社の業種構造と市場構造のミスマッチを分析する　077

第 3 章 ◆ 営業強化 計画のメソッド　081

1　ケース①　既存の深掘り　083
1-1 ▶ ケースA：2面パレート図（顧客別売上高+顧客内シェア）の活用　084
1-2 ▶ ケースB：2面パレート図（当社シェア+世の中シェア）の活用　088
1-3 ▶ ケースC：「その他大勢顧客」の山から隠れた鉱脈を見つける　093
Coffee Break　10％増の計画は、20％増の計画に相当する!?　097

2　ケース②　新商品の拡販　100
Coffee Break　粗利問題をパレート図で考える　103

3　ケース③　新規市場の開拓　106
3-1 ▶ 上流工程（STEP A）の作業　109
3-2 ▶ 下流工程（STEP B）の作業　112
Coffee Break　新規市場開拓と事業ポートフォリオ　116

第 4 章 ◆ 営業強化 実行のメソッド　123

1　訪問管理の重要性　123

- **1-1** ▶ 売上を上げたかったら、訪問件数を上げればよい　123
- **1-2** ▶ 営業マン1人当たりの数値に落とし込む　129
- *Coffee Break*　営業活動におけるストックとフローの関係　132

2　必要戦力の増強　135

- **2-1** ▶ ランチェスターの法則──営業戦力強化への応用　135
- **2-2** ▶ 売上2倍目標を達成するために必要な戦力は？　138
- *Coffee Break*　ランチェスターの法則裏話
  ──1970年代、トヨタ・日産大戦争での活用　140

3　引合い管理の重要性　141

4　引合い案件ABCフォロー表を使う　143

- **4-1** ▶ 選挙の票読みのやり方を引合い案件の票読みに使う　143
- **4-2** ▶ 引合い案件フォローの実際　145
- **4-3** ▶ 真の「売上第一」の会社とは　147

第 5 章 ◆ 営業強化 フォローのメソッド　149

1　フォローの重要性　150

2　月次管理──年間計画達成の可否を決めるマイルストーン　154

- *Coffee Break*　日本電産のフォローの強さ
  ＝「すぐやる、必ずやる、出来るまでやる」　164

3　週次管理──「ガンバリズム経営」脱却の特効薬　166

4　マネジャーの組織マネジメント力強化　169

- 4-1▶ マネジャーのチームマネジメント①──短期対策　171
- 4-2▶ マネジャーのチームマネジメント②──中・長期対策　173

5　個人別管理──チーム内の個人の成長軌跡をカルテ化する　181

- 5-1▶ 個人別管理を進めるうえでの要点　182
- 5-2▶ 個人別管理の手順①──強み・弱みを把握する　184
- 5-3▶ 個人別管理の手順②──活動軌跡をまとめる　188

第6章 ● コストダウンと利益創出のメソッド　193

1　コストダウンへの2つの視点　193

- Coffee Break　日本電産の「Wインカム経営」　194

2　機能別組織のコスト管理　197

- 2-1▶ 機能別組織が利益管理に不向きな理由　197
- 2-2▶ 機能別組織の2つの問題点　200

3　日本電産の利益志向経営を支える2つの仕組み　203

- 3-1▶ 事業所制　203
- 3-2▶ 1週間ごとの予算管理（ウィークリー・リスク会議）　206

4　時間軸で経営を考える　207

- 4-1▶ 時間当たり生産管理　207
- 4-2▶ 全経路時間という大きな時間軸で見る　212
- 4-3▶ 工場トータルの時間軸経営　215
- Coffee Break　ボーイングの大型旅客機は何日で組み立てられるのか　218
- 4-4▶ 時間軸経営のもう1つの視点──顧客別粗利を「時間当たり」で見る　219

5　粗利問題をさらに深掘りする　224

- 5-1▶ 製造業の損益は機種別に攻めよ　224

5-2 非製造業の損益は、顧客別の損益を出して対策を立てよ　226

6　社内を「コストダウン熱中集団」に転換させる　228

6-1 「商店経営方式」を末端組織に取り入れる　228
6-2 すべての経費を稟議制にする　232
6-3 設備の買い方は「5段階稟議制」を徹底する　234
6-4 「残業切符制」で計画的な残業を　235
6-5 コストダウン方策のまとめ　236

第7章 ● スピードと徹底を究める　239

1　スピードは、戦いの最高の武器　239

2　「スピードと徹底」のカルチャーを手に入れる　244

3　さらなる徹底化――事業計画の「ストップ・ザ・未達」を実現させる　247

Coffee Break　トヨタの徹底力を考える　251

第8章 ● 企業カルチャーを変革する　255

1　優れた会社に変えていくための3要素　255

2　企業カルチャーとは何か　258

Coffee Break　「戦略経営力」と「地べた経営力」　267
Coffee Break　なぜトヨタのメソッドを完璧に導入しても、トヨタになれないのか　270

3　営業組織のカルチャー変革――「小さな成功」とその連鎖　272

Coffee Break　エディー・ジャパン　強さの3要素　278

4 どうしたら企業カルチャーを変えられるのか　284

5 企業カルチャーの変革のステップ　287

5-1▶ 経営者の「たった1人の戦い」ではなく、組織ダイナミズムを使う　287
5-2▶ 変革の4つのステップ　288

6 経営者のリーダーシップ　294

参考文献　299

第 1 章

なぜ今、
日本電産流経営が必要なのか

1 企業経営に迫り来る環境変化

◆ プレス部品メーカー社長からの電話

　昨年、私のところに1本の電話がかかってきた。電話の主は、静岡県のプレス部品メーカーの2代目社長さんで、年間売上が30億円、従業員が170人ほどの会社で、創業60年を迎えるとのことであった。

　電話の社長さんの声は、切迫していた。

　「インターネットでコンサルタントを探し回って、やっと日本電産出身のあなたを見つけて電話したのです。うちの会社は2年後に受注が減って売上の30％を失ってしまいます。そうなると倒産する道しか見えてきません。どうしてよいかわからないのです……」

　切羽詰まった様子を把握した私は、まずは詳しい現状についての説明をお願いした。

　プレス部品メーカーというと、多数乱戦といえる業界の典型で、多くの会社が低成長に苦しんでいる。ただ、この会社は家電と自動車業界の得意先に恵まれていたことで、安定した操業を続けることができ、2～3％ながらも黒字経営を続けて来ていた。

　ところが先日、自動車メーカーの購買部長からある通達を受けた。現

在受注しているプレス部品の発注が2年後に打ち切りになるというのだ。それは該当車種が海外に生産移転するからであり、売上補填の代わりとなる部品の発注はないということだった。

この自動車メーカー自身も、国内需要不振のあおりを受けて2、3年来業績が不調で、コストダウン対策として、今まで出していた外注部品も内製しなければならない状況で、とても代わりの部品を発注する余裕はないとのことであった。購買部長は、長年の取引に謝意を表するとともに、「2年後に備えて新規受注を強化するなど、対策を講じてほしい」と伝えてきたのだ。

この危機を脱するためにこの社長さんが考えたのが、日本電産流の「V字回復経営」手法だ。それしか自社を救う道はないという思いで、日本電産出身である私のところに経営指導の依頼の電話をしてきたのである。

私は、電話口の社長さんのお話をお伺いしながら、状況をざっと見積もった。発注停止までの2年間の猶予期間に、現状より3割増の受注を新規に持ってこなければならない。しかしながら、新規開拓の場合は、1年は種まき、2年後がサンプル受注だから、実質1年で受注のめどをつけられるかどうかが、勝負の分かれ道になる。新規受注は価格も勝負だ。すでに相手先に入っているメーカーを押しのけて、受注しなければならないので、相当のコストダウンも必要だと思われる。

こう考えると、日本電産でも相当難しいターゲットである。並大抵のことでは達成できるレベルではない。私のこれまでの10年のコンサルティング経験の中でも、難しい部類に入るケースである。しかし困難に挑戦し、結果を出すことこそ、コンサルタントの役目だろう。挑戦に成功したらコンサルタント冥利に尽きる。私は、この会社の経営再建プロジェクトをお引き受けすることにした。

◆「失われた20年」に続く人口急減のボディブロー

このプレス部品メーカーに、創業60年にして初めて起こっている経

営危機は、2000年前後から日本企業を取り巻いている、大きな流れの変化の一端であると見ることができるだろう。すなわち、静岡のプレス部品メーカーの事例は、この会社だけの事例ではない。今後このような類型は、いくつか起こりうる問題である。

　日本経済の底流を流れるその大きな流れは、1990年代から20年の長きにわたって続いた日本の「失われた20年」に端を発し、情報家電を中心に、新興の中国・韓国・台湾企業に次々と敗退していったことに見られるように、かつて世界最強を誇った日本のものづくり産業の成功方程式は、一部を除いて、もはや通じなくなっていたのである。そのことの一端が、この例から読み取れるのではないだろうか。

　また、そのような海外との角逐問題とは別に、国内問題としての最大課題は、今後一層強まるであろう人口とそこから来る市場の縮小であろう。このプレス部品メーカーの事例は、自動車関連メーカーとて安泰ではないことを示している。

　2050年には、総人口は現在の1億2700万人より3000万人近く減少して、1億人を下回り（減少率24％）、15〜64歳の生産年齢人口も8130万人が4930万人と、40％も減少する。特に、2040年から2050年にかけての人口の減り方が急である。

　問題は、総人口の減少の倍近いスピードで、生産年齢人口が減ることである。生産年齢人口の稼ぎが、それ以外の従属人口の生活を支えているので、当然今後、消費の減少、貧困化の増大が起こる。このことは、国内立地型の企業にとっては、長期にわたるボディブローとして影響してくる重大問題である。

　今まで中小企業にとっての需要の出し手であった大企業が、海外シフトや競争力衰退で、昔ほどの需要創出が期待できず、さらに人口減による需要減退にも見舞われる。立ち位置をどうするか、それが国内を主戦場とする大企業、中小企業を問わず企業が向き合わなければならない課題だ。

図表1-1 ▶ 国内立地型企業の立ち位置の課題

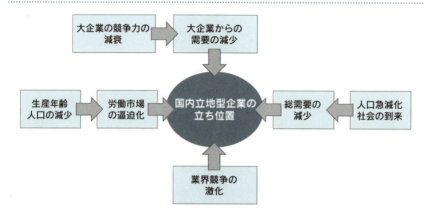

　図表1-1は、国内立地型企業の立ち位置をめぐる課題を示したものである。

　国内で生きていこうとするならば、2040年から2050年に至る社会現象の変化を視野に置いて、今後どのような経営スタイルを持って対応すべきか、企業経営にとってはそれが最大の課題といえるのではないだろうか。

　それまであと20～30年。経営者1、2代か3代のスパンである。経済環境も社会条件もガラリと変わる中で、「失われた20年」は取り戻せないが、次の20年は失うわけにはいかない。「生き残り」ではなく「勝ち残り」の経営、「強み」ではなく「凄み」の経営が、生存を確実にするのではないだろうか。

2　2000年以降の15年間をレビューする

　これから本書で企業経営の再武装問題を考えるにあたり、上記で触れた、日本企業に大きな影響を与えた、2000年以降15年間の環境変化を

ざっとトピックス的にレビューして、本題に進みたい。

2-1 日本の競争力の減退と環境変化、それがもたらす企業経営へのインパクト

①2000年以降の環境要因が激変している。「産業突然死の時代」（大前研一『大前の頭脳』）といわれるように、かつての日本のお家芸であった半導体、情報家電分野を中心に、大企業が世界市場から敗退するケースがこの10年間、陸続としている。中国、韓国企業の「一点突破集中戦略」のスピード経営の前に、日本企業の「技術」一本槍で戦うビジネスモデルが通じなくなっている（図表1-2）。

②日本のGDPはここ２、３年来の円安基調の影響で、ドルベースでは「失われた20年」（1990～2010年）の水準のままである（図表1-3）。

③2000年前後に、日本企業は持ち前の技術力で、液晶パネル、リチ

図表1-2 ▶ 2000年以降の環境変化と経営へのインパクト

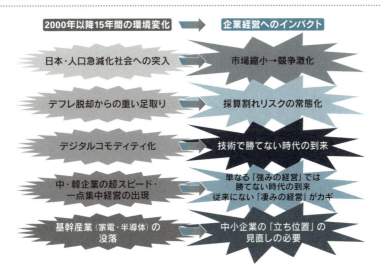

第1章 なぜ今、日本電産流経営が必要なのか

図表1-3 ▶ 日米中の名目GDP（ドルベース）

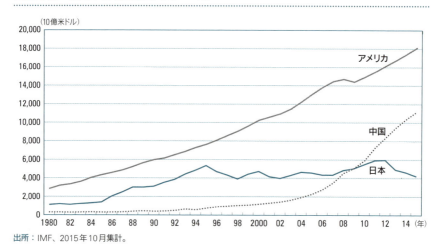

出所：IMF、2015年10月集計。

ウムイオン電池、カーナビ、DVDプレーヤーなどの日本発の先端デジタル機器を数多く、市場に登場させたが、それらはグローバル市場で大量普及が始まると、例外なく市場衰退の道を歩んだ。「『技術』で勝っても『事業』では負ける」（妹尾堅一郎『技術力で勝る日本が、なぜ事業で負けるのか』）という2000年以前には見られなかった現象である（図表1-4）。

④家電メーカーの「華」であった薄型テレビは、韓国のサムスン電子1社によって、日本のテレビ生産メーカーのほぼすべての企業が短期間に駆逐された。2005～06年は薄型テレビ（液晶テレビ）が世界的に普及し始めた年である。この時点では、日本の家電各社もサムスン電子も世界シェアは同じであった。この薄型テレビが世界的にブレイクすると見た、サムスン電子を含む韓国勢のそれ以降の動きと日本各社の動きとでは全く別物である（図表1-5）。

シャープとサムスン電子の販売量を比較すると、「液晶元年」といわれる2005年のスタート時点は同じ年間600万台であった。しかし5年

図表**1-4** ▶ 先端デジタル機器の世界シェア

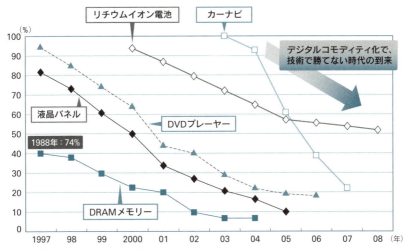

出所：東京大学・小川紘一氏のセミナー資料（2010年）。

図表**1-5** ▶ 薄型テレビの世界シェア（金額ベース）

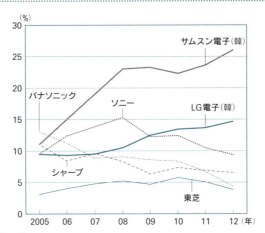

出所：ディスプレイサーチ。

　後の2010年には、世界販売を1000万台に伸ばしたシャープに対し、サムスン電子は10倍の6000万台とし、圧倒的なコスト競争力で世界市場

図表1-6 ▶ シャープ vs. サムスン電子──薄型テレビの世界市場での販売台数

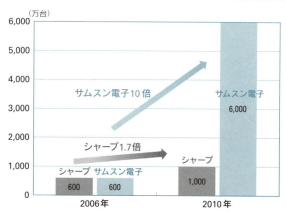

出所： 各社アニュアルレポートなどより作成。

を制覇した (図表1-6)。

　これは戦後長らく、自動車とともに日本の成長の原動力であった家電産業が、「50年の輝きを5年で失う」(『日経ビジネス』2011年9月26日号)というエポックメーキングな事例であった。

　同時に、グローバルな戦いがたった5年という短期間で決するという、デジタル大競争時代を象徴する出来事でもあった。その後、シャープは自力再建を試みたが失敗し、2016年3月に台湾の鴻海精密工業の軍門に下った。

2-2　先の見えない人口急減化社会の到来

　①1980年代は日本のものづくりが世界を圧倒し、日本が最も輝いていた時代であった。図表1-7に見られるように人口ピラミッド的にも、理想に近い姿である。そのときの総人口は約1億1600万人と推定される。それから30年経った2010年の総人口は、約1200万人増えて1億2800万人弱と、1980年当時と比較して大きな変化はないが、人口ピラ

図表 1-7 ▶ 人口ピラミッドの変化（1980〜2050年）

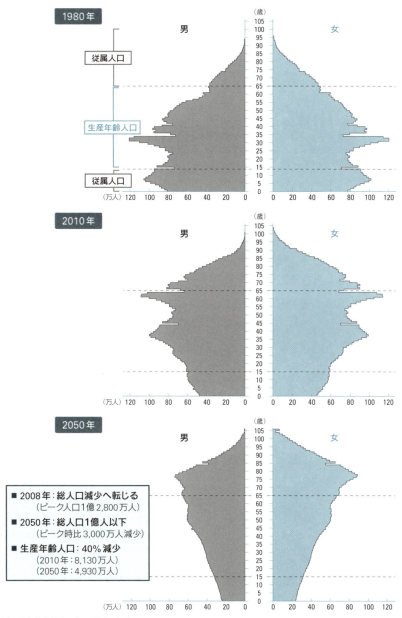

出所：国立社会保障・人口問題研究所。

図表1-8 ▶ 急ピッチの人口自然減

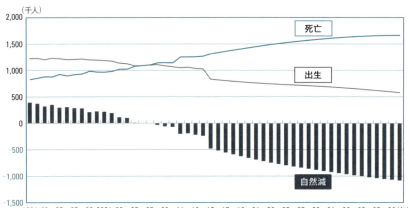

出所：総務省統計局資料より作成。

ミッドの中身となると、トップヘビーになって、電気釜を横から見たような形に大きく変わっている。

さらに、それから40年経過する2050年には、人口は逆に3000万人弱も減少し、人口ピラミッドの姿も、さらにトップヘビーになり、年齢が若くなるほど痩せ細って、見る影もない。

一方、人口の自然減も、現在の年30万〜40万人ペースから、2030年から40年にかけては100万人ペースになり、人口が急に減り出す社会になる。100万人というと、仙台市の人口に相当するので、2030年過ぎには毎年、仙台市クラスの都市が1つずつ消滅していく計算になる（図表1-8）。

このように、2030年以降の世の中はかなり激変するだろう。消費の減少で、企業間競争は現在以上に弱肉強食化し、生産年齢人口の大幅減少で人手不足が深刻化。自動化投資の資金力のない企業は淘汰されるだろう。それまであと15年……。今を措いて経営者の意識変革が求められる時代はない。

図表 **1-9** ▶ 自治体が消滅する

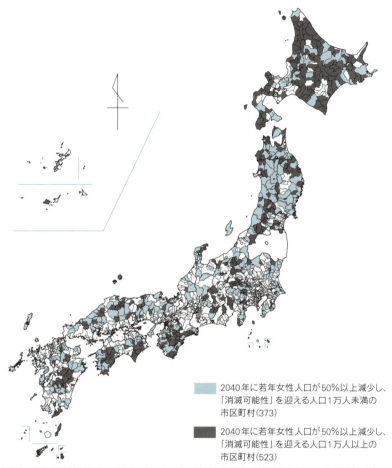

注：地図上で福島県が白抜きになっているのは、2011年の東日本大震災で各自治体の人口データが散逸したため。
出所：北海道総合研究調査会。

　②図表1-9は、日本創成会議（座長・増田寛也元総務相・岩手県知事）が2014年5月に発表した「消滅可能性都市」896市区町村の所在地マップである。日本列島の大半の地域が塗りつぶされているのがわかる。

これらの地域では、2010年から2040年までの30年間に、人口の「再生産力」を示す20〜39歳の女性の人口が5割以下に減少するため、都市として機能できずに「壊死」するという。その数896市区町村は、全自治体数1800の実に49.8％に相当する。

2030年以降、毎年100万人規模で人口減少が進む破壊力の恐ろしさが、ここに凝縮されている。都市が壊死するということは、その地域の経済や企業も壊死することになる。

③2040年までに、消滅するかもしれない自治体の数はわかったが、ではどれだけの数の企業が「消滅可能性」を抱えるのかというようなデータは、今のところはない。

ただし、企業ではないが、どれくらいの数のお寺が消滅可能性を抱えるかという試算はある。消滅可能性都市の中に、宗教法人がどれだけ含まれるかを試算したものだ。それによると、全17万6670法人のうちの約36％にあたる6万2970法人が消滅する可能性があるという（鵜飼秀徳『寺院消滅』）。

もちろん、この消滅率をそのまま企業に当てはめることはできない。

図表1-10 ▶ 寺院の消滅

年	法人数
2015年	176,670
2040年	113,700

消滅寺院数 62,970（▲36％）

出所：鵜飼秀徳『寺院消滅』より作成。

なぜなら企業は、かなりの困難は伴うにしても、消滅可能性都市から存続都市へ移動することは可能であるが、寺院の場合は、地区の檀家と密接な関係で結ばれているため、消滅可能性都市から簡単に移動するわけにはいかないからである。

この36%という数字を参考値として考えると、今後、企業もかなり高い割合で消滅可能性を抱えるということは銘記すべきことであろう（図表1-10）。

3 日本電産の「凄みの経営」をレビューする

3-1 速効型Ｖ字回復経営

このセクションでは、第２章以降で日本電産の「凄みの経営」の中身に入っていく前に、外から見たレビューを行い、読者の皆さんの理解を深めたい。

◆サムスン電子を上回る売上と利益の伸長

2000年以降の中・韓・台企業躍進の中でも突出したのは、前節で見てきたようにサムスン電子であった。

図表1-11と図表1-12は、そのサムスン電子と日本電産の2000～10年の11年間の売上高と営業利益の伸びを比較したものである。売上高、営業利益とも、日本電産がサムスン電子を上回っていることがわかる。特に利益は、10年間で10倍近い伸びを示しており、サムスン電子を圧倒している。

日本企業にとって逆風が吹いたこの時代に、これだけスピード成長を遂げた日本企業というのは、おそらく他に存在しないだろう。

両社とも個々の製品のディテールは異なるが、情報家電産業に属する

図表1-11 ▶ 日本電産 vs. サムスン電子 売上高伸長率の比較

注：2000年を100とする。
出所：各社アニュアルレポートより作成。

図表1-12 ▶ 日本電産 vs. サムスン電子 営業利益伸長率の比較

注：2000年を100とする。
出所：各社アニュアルレポートより作成。

点では共通で、日本電産だけが成長ゾーンをつかんだわけではない。

両社とも「スピード」と「徹底」を企業拡大のドライビングフォース

としている点では同じだが、その2つとも日本電産はサムスン電子をはるかに上回るものを持っていることを意味している。

　また、企業構成を見ると、サムスン電子は、社内に数社のインナーカンパニーで構成され、経営者の目は行き届きやすい。

　それに対して、日本電産は連結対象二百数十社からなる連邦型グループ経営であり、経営者の目の届き方は、サムスン電子のようなわけにはいかない。よほど各社を貫く一本筋の通った太いマネジメント手法を持っていないと、このような姿にはならない。特に利益でサムスン電子を上回る突出ぶりを示しているのは、コスト管理と利益創出のメカニズムが優れている表れである。詳しくは、第6章で解説する。

◆ WPR作戦

　スピードと徹底の経営力に関するもう1つを図解したのが、図表1-13である。これは日本電産の売上高と営業利益の推移を四半期ごとに表したものである。この図の中の営業利益を示す折れ線グラフに注目していただければ、図中でシャープなV字を描く箇所が2つほどあることに気づかれるであろう。

　1つ目のV字は2008年9月に世界を襲ったリーマンショックによる落ち込みとそれからの鮮やかな回復だ。売上が四半期ベースで半分に激減したことが見て取れる。この時期、どの企業でも見られた現象だ。

　しかし、ここからが日本電産の日本電産らしさのゆえんである。間髪を入れず、永守社長は全グループに号令を飛ばし、持ち前のコスト削減手法を総動員して、赤字転落を食い止めさせた。通常どんな企業でも、売上半減は、大幅赤字やむなしであるが、日本電産の場合は第4四半期、黒字に踏みとどまらせている。

　それだけでなく、この逆境を逆手に取って、「WPR（ダブル・プロフィット・レシオ）」と呼ばれるコストダウン作戦を全グループに展開させた。これは、売上が半分になっても利益を出すコスト体質の会社にすれば、

図表 1-13 ▶ 日本電産の売上高と営業利益の推移

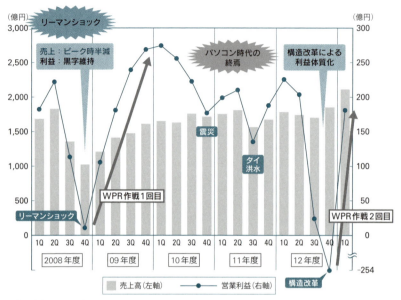

出所：日本電産ホームページ。

売上が元に戻ったら、利益は倍増の会社になるという意味である。この作戦によって、たった3カ月後の2009年度の第1四半期には、利益は見事なカーブを描いてV字谷を駆け上がっている。

2つ目のV字は、このグラフの最後にある。2010年前後からパソコン時代が終わりを告げ、モバイル端末化が急速に進んだ。日本電産のコア事業はパソコン用モーターであるから、重大な経営危機である。世界中の工場の再編とそれに伴う減損処理によって、2012年度第4四半期だけは赤字に転落した。しかし、短期間の大幅な構造改革を敢行した結果、3カ月後の翌2013年第1四半期には、クリアなV字回復を成し遂げている。

この利益復元力の凄さが、このセクションの冒頭で述べた、サムスン電子を圧倒する利益成長率となっているのである。

3-2　巧みなM&A戦略

　M&Aは、戦略的企業拡大の手法として脚光を浴びているが、実は成功確率は高くなく、50％以下といわれている。これに但し書きを加えるとしたら、「ただし、日本電産の場合を除き」と入れなければならないだろう。このことは、図表1-14をご覧いただければ、読者の皆さんの納得を得られると思われる。

◆事業構造多様化による成長拡大

　日本電産は創業以来、約40年間に50社以上のM&Aを行って、企業規模拡大を果たしてきた。グラフにある2005年からの10年間でも16社、1年間に1.6社というハイペースでM&Aを敢行している。

　売上高は2005年の5000億円から2014年の1兆円と、10年間で倍増であるが、祖業（コア事業）のパソコン用精密小型モーターの売上は、3000億〜4000億円とほぼフラットだ。もしM&Aによる事業構造拡大がなければ、日本電産は今日のような成長はなかったことになる。

◆買収を繰り返しても、経営効率が下がらない

　これだけM&Aを繰り返し、買収前は業績内容の悪かった会社が多数グループ入りしているにもかかわらず、経営効率を表す代表指標である「売上原価率」と「販管費率」は、ほとんどフラットな状態で推移している。このグラフでもう1つ注目すべきポイントである。

- **売上原価率**……常に80％前後のコンスタントなレベルに維持されている。
- **販管費率**……非常に低く保たれている。常に10％前後と驚異的な低水準に維持させている。

図表 **1**-**14** ▶ 日本電産のセグメント別売上高

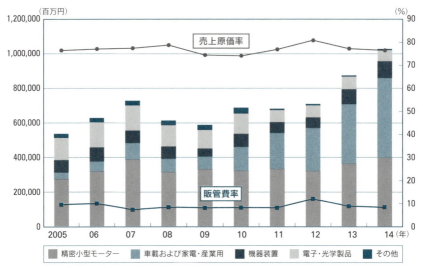

出所：有価証券報告書より作成。

　このことは、日本電産グループがいかにパワフルな売上増大とコスト削減手法を持ち、かつそれを新規参入企業に対しても、早期に同質化させる、優れたマネジメント力を持っていることを物語っている。

　つまり、日本電産は新規参入企業をグループの太い幹に融合させ、ポテンシャルを引き出して活着させる、いわば非常に「接ぎ木」のうまい会社といえるだろう。日本電産の経営手法のうち、売上拡大については第2章～第5章で、コスト削減手法については第6章で詳しく述べる。

3-3　日本電産は、なぜこのようにうまくM&Aを成功させるのか

◆買収企業再建の5大ポイント

　私が日本電産本体のM&A担当役員をしていた頃、過去の買収事例を調べたことがあるが、驚くべきことに1社の例外もなく、ほぼ1年以内

に赤字の買収企業を黒字化していることであった。これは今日でも続いている日本電産の特筆すべき経営的特長である。最近数年間の事例では、重症の赤字会社を6〜7カ月で黒字化させたケースもある。

M&Aは成功確率が半分以下であることは、前述したとおりである。「M&Aは、時間を買えるという点では魅力的だが、成功できるか自信がないので怖い」と二の足を踏む経営者が多いことは、このことを指しているだろう。

多くの事例が示しているのは、買収された企業が、本体企業の企業体質になじめずにグループ内で融合できず、かえって買収前よりも業績が悪化するケースである。

では、なぜ日本電産ではこれが起こらないのか？ 過去40年間で五十数社のM&Aを行って、そのうちの大半は慢性的赤字にあえいでいた会社であるが、これらが1社の例外もなく、1年以内にピカピカの黒字会社に蘇るのはなぜか、である。本書の目的の1つは、そのメカニズムを解き明かすことにあるが、ここでは簡潔に5つのポイントを図表1-15にまとめた。

私がこれまでお会いした多くの方が、「日本電産が凄いのは、経営手法が凄いからでないのか？」と思っておられる方が大半である。私はそういう方々に次のように訂正しなければならない。

「日本電産が凄いのは、経営手法が凄いからではありません。使う経営手法はごく当たり前のものです。日本電産が凄いのは、経営手法を実行するスピードと徹底力が凄いのです」というように。

そして続けて、「ではどうやって、今までの鈍な会社だった会社を、敏な会社にするのか？ それは、再建初期にまず、『意識改革』を経営者が最大のエネルギーを注いでやり、企業カルチャーを『スピードと徹底』のカルチャーに変えるからです」と申し上げることにしている。

この意識改革による企業カルチャー改革が再建作業の根底にあることが、多くの企業が行う企業再建や企業改革と大きく異なる点ではないだ

図表1-15 ▶ 日本電産 会社再建の5大ポイント

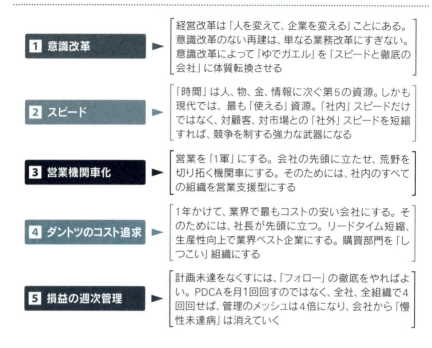

ろうか。

　読者の皆さんには、農作業の場面を思い浮かべていただきたい。お百姓さんが畑を耕す場合、まず何を行うだろうか。いきなり種や苗を植えることはしない。土の中に有機肥料をたっぷり入れて土を活性化させ、それから種や苗を植える。つまり、土壌改良をまず行うわけである。

　日本電産の会社再建も、これと全く同じである。まず「意識改革」という土壌改良によって、社員の意識を変え、「スピードと徹底」の体質、企業カルチャーに変えさせる。それができつつあるのを見計らいながら、農業の種・苗に相当する売上強化とコスト削減の手法（メソッド）を注入する。メソッドは優れたカルチャーの土壌があってこそ、大きく開花するのである。

　5大ポイントとして挙げた図表1-15の中で、1と2が「意識改革」

と「企業カルチャー改革」に、3〜5が経営手法にあたる部分である。

では、買収された会社が、スピードと徹底の会社になると、どういう会社になるか。本書の後段でも触れるが、2、3年以内にその業界トップの会社になり、その会社から世界一の製品が輩出されるようになる。

あまり知られていない事実だが、M&Aでグループ入りしたいくつもの会社から、数年以内に世界一の製品が多数生まれている。2015年時点で、グループの世界シェア1位製品は19品目あるが、そのうち、8品目は日本電産の開発製品、11品目はかつては大幅な慢性赤字のため、メインバンクも匙を投げたグループ会社9社の開発製品である。

つまり、日本電産の会社再建は、単に赤字の会社を黒字に戻すだけではなく、再建にかこつけて、平凡企業をダントツの一番企業に豹変させることでもある。

3-4　個別の再建事例で見る「スピードと徹底」経営

日本電産流経営の凄みは、そのスピードと徹底にあることは前述のとおりである。ここでは、個別の再建事例として、日本電産が1998年2月にM&Aを行ったコパルの例を取り上げ、その状況を見ていこう。

コパルはM&A以前においても、またM&A後、日本電産が完全子会社化するまでは上場企業であったので、公開データを使って、その再建の道のりを表示した。なお、日本電産では、グループ入りした会社は社名の先頭に「日本電産」を冠するので、現在の社名は「日本電産コパル」である。

◆コパルから日本電産コパルへ──会社再建への道のり

コパルは、1949年誕生のカメラ用シャッターのトップメーカーであり、富士通が筆頭株主の会社だった。コンピュータ企業がメカ系企業を傘下に持つという特異なケースであったが、シナジー効果を出せないま

図表**1**-16 ▶「コパル」から「日本電産コパル」へ──経営再建の道のり

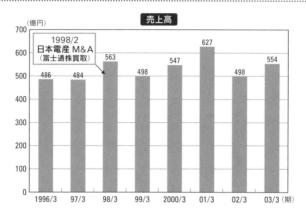

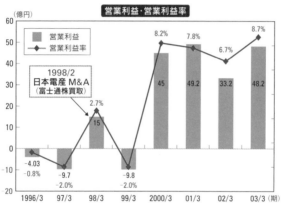

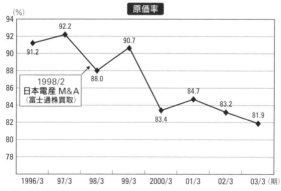

出所：有価証券報告書などより作成。

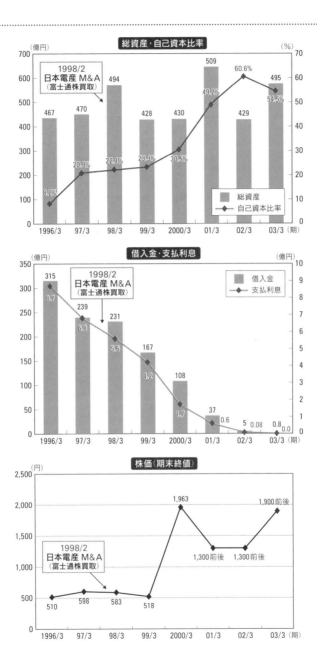

図表1-17 ▶ 日本電産コパルのM&A前後の経営指標比較

(単位：億円)

	Before			After				
	1996/3期	97/3期	98/3期	99/3期	2000/3期	01/3期	02/3期	03/3期
売上高	486	484	563	498	547	627	498	554
営業利益	▲4.0	▲9.7	15.0	▲9.8	45.0	49.2	33.2	48.2
営業利益率	▲0.8%	▲2.0%	2.7%	▲2.0%	8.2%	7.8%	6.7%	8.7%
売上原価率	91.2%	92.2%	88.0%	90.7%	83.4%	84.7%	83.2%	81.9%
借入金残高	315	239	231	167	108	37	5	0.8
自己資本比率	8.2%	20.9%	22.1%	23.3%	30.5%	49.2%	60.6%	54.5%
株価（期末終値）	510円	598円	583円	518円	1,963円	1,300円前後	1,300円前後	1,900円前後

出所：有価証券報告書などより作成。

1998年2月
日本電産M&A
（富士通株買取）

ま、長らく業績が低迷。1998年2月に日本電産グループ入りした。

「半導体市況の悪化など経営環境の急激な変化に対処して、グループ戦略の見直しを進める富士通と、事業領域の拡大を図る当社の思惑が一致したことによって実現したものである」（『日本電産30年史』）

図表1-16の6つのグラフと図表1-17に示すBefore/Afterの経営指標比較データを見ると、M&A後の再建軌道が非常にクリアなことがおわかりいただけるだろう。特に「売上原価率」の大幅低下という状況に注目してほしい。

短期の売上原価率の低下が、「営業利益」の向上、「借入金残高」の減少、「自己資本比率」の向上をもたらしている。

- 売上高……Before 3期の期平均ベースに対し、After 3期の期平均売上高は9％増と大きな変化はない。この時期、中国が世界の工業国家の仲間入りをし、極度に安い人件費を武器に先進工業国家群に攻勢をかけたために、世界的に売価の下落が続いた影響である。市場売価が下落したにもかかわらず、売上高が微増ながら伸びてい

るのは、営業力強化が行われて、市場シェアを伸ばしていることを意味している。
- **営業利益**……鮮やかなV字回復を遂げている。再建開始１年後には45億円、利益率8.2％を達成。その後も高水準の営業利益と営業利益率を維持している。
- **売上原価率**……91～92％台の原価率を５年後に10％減に落とすまで、毎期コンスタントに低減カーブを描いている。
- **借入金残高**……Before期に、200～300億円あった借入金が、最終的にほぼゼロになるまで、きれいに下がり続けている。
- **自己資本比率**……８％の最低レベルから50～60％台にまで改善。借入金の改善も自己資本比率の改善も、売上原価率の改善によるものである。再建期においては、原価改善がいかに重要かがこれで理解できる。
- **株価**……500円台から一時期2000円近くまで上昇した。

4 人口急減社会の到来──本気で動き出した大企業

　第２節では、企業経営に大きなインパクトを与える2000年以降の大きな構造的な変化に触れた。

　この中で取り上げた人口構造に関する２つの図ほど、企業の経営者に強烈な印象を与えたものはないのではないだろうか。その１つ、過去1980年から将来2050年にまで至る人口ピラミッドは、国立社会保障・人口問題研究所のホームページに、2000年の早い時期にアップされたものである（図表1-7参照）。これを見て「危機感センサー」を刺激された企業のいくつかは、「日本を出る」ことを決意したはずだ。

　2009年に出版された大前研一氏の『大前の頭脳』には、こんなくだりがある。

「この国内でなんとか頑張ろうという人は、国立社会保障・人口問題研究所のサイトにアクセスして、毎年いかにマーケットが逃げていくのかを見るといい。今、あなたの会社が日本国内で一定のポジションを持っていたとしても、日本にいる限りはいつか限界が来る。それを避けるためには国力が伸びている国に行くしかない。新天地で同じビジネスをやるのだ。そのための努力がいかに厳しくても『やる』という決意をするしかないと私は思う。この図（国立社会保障・人口問題研究所の人口ピラミッド図）をじっくり見て『日本という国』の姿を頭に入れて、会社の戦略を考えてもらいたい」（264〜265ページ）

　もう1つの図は、「消滅可能性都市」という衝撃的なキャプションがついた日本創成会議（増田寛也議長）のシミュレーションマップである（図表1-9参照）。前述したように、自治体の約半数に相当する896市区町村が2040年までに消滅可能性ありと特定されたレポートである（2014年5月発表）。

　この2つの図に大きなインパクトを受けたのは、国内立地型の大企業であろう。後述の図表1-18を見るとおわかりいただけるが、国内市場依存度の高い3品業界（食品、薬品、化粧品の「品」のつく業界）は言うに及ばず、最後まで動きのなかった生損保、地銀までもが2015年に入って一斉に巨費を投じた海外M&Aや経営統合に走り始めている。

◆ **国内市場依存型大企業の2つの選択肢──M&Aと海外シフト**

　国内市場依存型大企業の国内市場縮小に対する選択肢はM&A、企業統合、海外シフトである。

　図表1-18は、デパート、スーパー、コンビニなど小売業や3品業界に代表される個人消費関連、また生損保、地銀といった国内市場依存度の強い業界に絞り、2015年までの10年間に新聞の第1面を飾った大きなM&Aや経営統合の動きをまとめてみたものだ。

　特にこの2、3年の動きが急ピッチである。時代の大きな変化に有効

な手を打てず、企業地位を後退させた「失われた20年」の轍を二度と踏むまいとする大企業の危機感と姿勢がこの表から見て取れる。

　3品業界は国内市場依存型の典型例といわれており、今まで海外M&Aとは無縁に近い業界であった。しかし食品業界では、サントリーが1兆6500億円で米ウィスキー会社を買収した。薬品業界では、2000年に入って相次ぐ合併再編によって、各社が規模の確保を行ったかと思う間もなく、この10年は海外企業の買収に乗り出し、武田薬品の1兆円の巨額買収が大きな関心を集めた。

　生損保業界も、もっぱら国内市場に目を向けていた業界であったが、2013～15年の3年間で6社合計、3兆5000億円もの資金を投じて、海外生損保会社の買いに動いている。地銀再編も、2015年に入って急激に経営統合の動きが活発化している。

　このような国内市場依存型業界が揃って、堰を切ったように、巨費を投じた海外M&Aやかつてのライバル企業同士の経営統合といった動きに出たことは、今までになかったことである。

　一方で海外シフトはどうだろうか？　典型的な動きは、小売業界の中で社運を賭した海外戦略に挑むファーストリテイリング（ユニクロ）であろう。同社の海外事業比率は、2010年ではわずか9％であったが、5年後の2014年には30％と急激な伸びを示している。

　もう1つの典型例は、その前身が「日本専売公社」であった日本たばこ産業（JT）の海外展開である。

　同社は2005年度には、海外事業比率が2割（売上高ベース）にすぎなかったが、10年後の2014年度には、海外事業の割合が3分の2（売上収益ベース）と、完全に海外事業主導型の会社に豹変した（図表1-19）。同社が、日本専売公社の流れをくむ企業であることを考えると、あまりにも劇的なパラダイムシフトである。

　2050年には、人口が現在よりも3000万人も減少する。当然、喫煙人口もガタ減りになる。2000年前後にアップされた国立社会保障・人口

図表 1-18 ▶ この15年間(2000〜15年)の主要なM&A・経営統合の動き

業種	種別	企業
デパート	経営統合	そごう／西武百貨店
		伊勢丹／三越
		大丸／松坂屋
		阪急百貨店／阪神百貨店
スーパー	経営統合	イオン(ジャスコ)・マイカル(サティ)
		マルエツ／カスミ／マックスバリュ関東
コンビニ	M&A	ローソン／am/pm
		ファミリーマート／サークルK・サンクス
食品	M&A	アサヒグループHD
	資本参加	キリンHD
	M&A	サントリーHD
薬品	合併	山之内製薬／藤沢薬品工業
		三共／第一製薬
		大日本製薬／住友製薬
		田辺製薬／三菱ウェルファーマ
	M&A	アステラス製薬
		武田薬品
化粧品	M&A	資生堂
生保	M&A	第一生命
		明治安田生命
		住友生命
損保	M&A	損保ジャパン
		損保ジャパン・日本興亜HD
		東京海上HD
		三井住友海上
地銀	経営統合	肥後銀行(熊本)／鹿児島銀行(鹿児島)
		横浜銀行(神奈川)／東日本銀行(東京)
		トモニHD(香川・徳島)／大正銀行(大阪)
		常陽銀行(茨城)／足利HD(栃木)

出所：新聞報道をもとに作成。

	発表時期・内容・金額	
	2003/	経営統合し、ミレニアムリテイリングへ
	2008/4	経営統合し、三越伊勢丹へ
	2009/9	経営統合し、Jフロントリテイリングへ
	2007/10	経営統合し、H2Oリテイリングへ
	2003/11	イオン、マイカルを子会社化
	2014/5	イオン、マルエツ・カスミ・マックスバリュ関東3社の2015/3の統合を発表
	2009/2	ローソン、am/pmの買収を発表
	2015/10	経営統合を発表
	2012/5	カルピスを買収 1,000億円
	2010/7	フレイザー＆ニーヴに資本参加 846億円
	2014/1	米ビームを買収発表 1兆6,500億円
	2005/4	両社が合併し、アステラス製薬 誕生
	2005/9	両社が合併し、第一三共 誕生
	2005/10	両社が合併し、大日本住友製薬 誕生
	2007/10	両社が合併し、田辺三菱製薬 誕生
	2010/5	米OSI ファーマシューティカルズ買収 3,680億円
	2011/9	スイスの製薬大手、ナイコメッド社の買収完了 約1兆円
	2010/1	米高級化粧品会社ベアエッセンシャルを買収 1,730億円
	2014/5	米プロテクティブ買収を発表 5,800億円
	2015/7	米スタンコープ買収を発表 6,250億円
	2015/8	米シメトラ・ファイナンシャル買収を発表 4,650億円
	2013/12	英キャノピアス買収を発表 1,000億円
	2015/3	仏スコールに出資 1,000億円
	2015/6	米HCCインシュアランスHD買収を発表 9,400億円
	2015/9	英アムリン買収を発表 6,420億円
	2015/3	2015/10に統合することを発表
	2015/9	2016/4に統合することを発表
	2015/9	2016/4に統合することを発表
	2015/10	経営統合（新聞報道）

◆食品
3社でM&Aに1兆8,300億円
（2010～14年の5年間）

◆生・損保
7社でM&Aに3兆円
（2014～15年の2年間）

図表1-19 ▶ JTのたばこ事業売上高

出所：JTの有価証券報告書をもとに作成。

問題研究所の人口ピラミッドをこの会社の人たちは見て、会社のロードマップの大幅な書き換えを決断したのではないか——そう考えたくなるほどのパラダイム転換である。ちなみに、同社の世界本社は現在、スイスのジュネーブである。

◆M&Aや海外シフトに踏み出せない中小企業はどうするのか？

人口急減化、市場縮小に対する大企業の選択肢であるM&Aと海外シフトの状況を見てきた。それでは中小企業はどうすべきだろうか？

まずM&Aという選択肢はどうだろうか？　前段で日本電産はM&Aで100％の成功確率の実績を持ち、「接ぎ木」のうまい会社であることに触れた。そもそもM&Aは、こちらの企業カルチャーに相手を染め上げていく作業である。

企業カルチャーの対立が起こっては、そのM&Aは失敗である。そのためには、こちら側に相手側よりも優れたマネジメントスキームがあり、相手側にそれを取り入れたほうが自分も有利になると思わせる誘因

がなければならない。

　M&Aの成功確率が低く、半分程度であるといわれるのは、そういう誘因がないことが原因となっているのであろう。資金力だけではM&Aは成功しない。今、資金力がある中小企業があったとしても、M&Aを成功させるには、自社に優れたマネジメントと企業カルチャーが不可欠だ。その条件のない中小企業はM&Aに手を出すべきではないだろう。

　一方で、海外シフトはどうだろうか？　2000年前後、中国が急速に工業国家の仲間入りをし始めた頃、その圧倒的低賃金による拠点立地性に着目して、非常に多くの中小企業が中国に工場進出していった。私も日本電産のグループ会社の中国進出の陣頭指揮をとったので、その熱気は今でも覚えている。中国行きの飛行機便はどの便も満席で、企業リスクの筆頭として、中国に行かないことのリスクが云々されたほどだった。

　しかしながら、2000年前後に中国に出ていった中小企業の多くが、その後現地経営が思うようにいかず、撤退セミナーはキャンセル待ちの状態だという。そういう話を聞くにつけ、これからの中国を中心とする海外進出に二の足を踏む経営者は多いであろう。

　海外進出は、よほどこちらのビジネスモデルが優れ、かなりの参入障壁を持っていないと、中国の海千山千の現地企業にあっという間にコピーされて、中国の膨大なマーケットの中に飲み込まれてしまう。

　中国に限った話ではないが、大企業ですら海外進出は必ずしも成功していないことは、前述した情報家電メーカーの例で見てきたとおりである。トヨタ自動車が海外進出に成功してきたのは、「トヨタウェイ」という優れた生産・開発の「経営メソッド」と「経営ノウハウ」を持ち、そのモデルを現地経営に浸透させられる、相手の国にない、相手の国よりも優れた「企業カルチャー」を持っていたからである。

　私自身は海外進出を否定するものではない。むしろ中小企業のこれからの存続のための選択肢の1つとして、真剣に検討する課題であること

は間違いないところである。

　しかし、日本国内での競争にダントツの経営力を持っていない企業がそのままの姿で海外に出ていっても、野たれ死にするだけだ。私自身、日本電産のグループ会社の1000人規模の中国現地法人を、現地に常駐する形で、実際に経営して得た実感からすると、中国には「ブルーオーシャン」はない。あるのは、日本以上の「レッドオーシャン」である。

◆中小企業の「自己再武装」を──「生き残り」から「勝ち残り」へ

　私が本書で提唱するのは、大企業がこの10年間とってきたようなM&Aや海外シフトを、中小企業が後追いのように行うのではなく、自社の現在の立ち位置をしっかりと見定め、まず「自己再武装」を徹底することである。その自己再武装も、「経営メソッド」だけの再武装ではなく、企業の体質を変える再武装、つまり意識改革を通じた「企業カルチャー」の再構築を行わなければならない。

　2040年時点では、企業の生存確率が70％を切るかもしれないという状況を念頭に置いて、それに対する備えに今から着手することではないだろうか。私は本書の中で、経営メソッドと企業カルチャーを企業力強化のための「インフラ」と位置づけて、これを「地べた経営力」と称しているが、この「地べた」の力をもう一度再強化し、同業他社よりも圧倒的に高い企業力で、縮小する市場を獲りに行かなければならない。

　いくら人口が急激に減るからといって、市場がゼロになるわけではない。市場規模が人口減少に比例するとすれば、2050年時点で今の市場規模の7割前後は厳然として存在する。それを獲りに行くのである。「生き残り」という受け身の対応ではなく、「勝ち残り」という前向き、攻撃的な対応で企業を再武装させることだ。海外シフトやM&Aはそれからでも遅くはない。

第 2 章

営業強化 分析のメソッド

　これから第2章と第3章にわたり、私がコンサルティングの現場で使っている営業強化のためのメソッドを解説していきたい。
　日本電産は、M&Aでグループ入りした重症の赤字会社を、1年でピカピカの黒字会社にするスピード再建では、その右に出る企業はないことは第1章で再三再四述べてきた。1年で利益を生ませるためには、ダントツのコストダウンもさることながら、売上を相当稼げなければ黒字転換はおぼつかない。
　したがって、営業のやり方を180度変えて、今までの成行き型営業から、短期速攻型の市場攻略ができる部隊にしなければならない。そのためには、自社と市場の構造を従来にない視点と深さで分析し、その中から解決のカギを見つけて、営業部隊に展開し、速攻運用できる「組織営業力」を身につける必要がある。第2章と第3章にわたって述べるメソッドは、そうした1年で結果を出すという、日本電産での買収企業の再建という通常の経営環境にはない状況の中で、私が編み出してきた営業強化メソッドを体系化したものである。
　なお、営業力には「組織営業力」と「個人営業力」の2種類があるが、本書で扱うのは、もっぱら組織営業力に関するものである。従来、「組織営業」というものは言葉では存在したが、中身は、およそ理論性や科学性がない、抽象的ないわば言葉遊びの域を出ないものであったと

思われる。今回、これを明らかにすることによって、営業の世界に新しい次元が生まれることを期待したい。

1 組織営業力とは何か

◆組織戦力と個人戦力

　営業強化のメソッドの説明に入る前に、「組織戦力」と「個人戦力」の定義を明らかにしておきたい。

　個人戦力は、営業活動、つまり「訪問→提案→引合い→受注」という一連のプロセスの中で、個人としての対顧客対応能力、商談締結能力のことを指す。そのため、営業マンとしての基礎的素養をはじめ、営業トーク力、提案能力、人脈形成力などのいわゆる「人的能力」の強化、訓練を行うことが求められる。個人戦力の最も高い人がいわゆる「カリスマ営業マン」と呼ばれる人たちである。

　一方、組織戦力は、次のような一連のPDCAサイクルを、「組織マネジメントとして行える力」を指す。

　　分析……自社の顧客構造の分析、市場における自社のポジショニング、競合状況を分析する
　　　⬇
　　計画……分析を通じて自社の戦力を把握し、自社の成長に必要な売上高を計画し、その達成のための戦略を組み立てる
　　　⬇
　　実行……営業マン全体の訪問活動の強化・効率化、引合い・受注促進、失注を分析する
　　　⬇
　　フォロー……計画・実績の差を分析し、未達を防ぐための営業全体の活動を修正する

多くの会社では、このような組織戦力の開発・強化は二の次になっており、個人戦力偏重のマネジメントになっている。つまり、個人戦力の総和が営業力になっている。そうなると、その営業組織は、個人商店の集まりにすぎない。

　企業の営業部門における「組織戦力」の重要性は、今までほとんど取上げられてこなかった。しかし、サッカーやラグビーのような集団で競技するスポーツでは、早くから個人戦力と並んで組織戦力、組織プレーの重要性が指摘されてきた。集団競技の世界では、戦力は組織戦力と個人戦力の掛け算である。営業の世界でもそうならなければならない。

> 営業力＝組織戦力×個人戦力

　もう少し組織戦力と個人戦力のイメージを明確にするために、「売上が伸びない」という営業部門の最も基本的な問題を組織戦力と個人戦力では、どう捉えるかを見てみよう。

　図表2-1の樹形図でおわかりのように、組織戦力上の問題は、自社の顧客構造の量と質の問題に分けられる。量の問題では、顧客数が多いのか少ないのか、また質の問題では、既存顧客への偏重がないかどうか、新規顧客の比率は適性か、などの構造的な問題を扱っている。

　また、計画策定での立て方の問題も視野に入れている。このように組織戦力上の問題は、個人戦力上の問題では捉えきれない顧客構造や市場構造との関係などの基本的、戦略的な領域をカバーしているのである。

◆アンゾフのマトリクス

　この樹形図でおわかりのように、組織戦力上の問題は複雑多岐にわたる。したがって、組織戦力の問題を記述するには、ある基準に従って進める必要がある。本章ではその基準として「アンゾフのマトリクス」を採用することとする。

図表2-1 ▶ 売上問題を樹形図で分析する

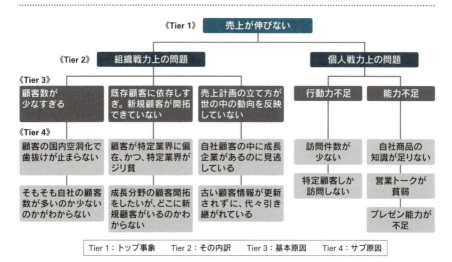

　アンゾフのマトリクスとは、「企業戦略の父」と呼ばれるアメリカの経営学者、イゴール・アンゾフが1960年代に考えたフレームワークである。年代は古いがシンプルで使いやすいものなので、論点を整理する意味で多用していきたい。

　図表2-2に示すように、このマトリクスは、横軸に自社の製品・サービス、縦軸に市場・顧客を置いている。そして、それぞれを既存／新規に分けているので、全部で4つの象限から成り立っている。営業活動はすべてこの4つの象限のどれかを使って行われるので、組織戦力の説明に便利である。

【各象限の説明】

Ⅰ．**市場浸透**……現在自社が取り組んでいる領域。既存の商品・サービスをもって、既存の市場・顧客に対して営業活動を行っている領域。この領域で売上を上げるためには、既存顧客・市場での自社

図表 2-2 ▶ アンゾフの成長マトリクス

シェアを上げることが必要となる（既存の深掘り）。

Ⅱ．**新商品拡販**……既存の市場・顧客に対し、新たに追加した商品・サービスを拡販していく領域

Ⅲ．**新規市場開拓**……既存の商品・サービスを、今まで進出したことのない新しい市場・顧客に売っていく領域

Ⅳ．**多角化**……新／新の組合せで、新しい事業分野を広げていく領域。アンゾフは、この象限を「多角化」と名づけているが、現代から見ると少し定義が大きすぎるので、「事業領域（ビジネスモデル）の追加」程度が妥当な定義であろう。この領域は、たとえば飲食業の企業が介護事業に進出するような場合を指すので、本書の各メソッドを適用する範囲から外れるため、本書の対象外とする。

生産のメソッドと営業のメソッドを比べてみよう

Coffee Break

　図表2-3は、日本における生産（ものづくり）の手法（メソッド）と、営業（もの売り）の手法を比較したものである。ご覧のように、日本からは開発・製造両面で多くのメソッドが生まれており、その質と量は、世界一を誇る。それは、1970年代から90年代初めにかけて、日本のものづくりが世界一であったことから来ている。だから、開発・製造に携わる人たちは、先達が残してくれた、これら世界一流のメソッドを学んで、自分の仕事の糧にすることができるのだ。

　ところが、営業の世界となると、とたんにメソッドがほとんどなくなる。この落差は恐ろしい限りである。営業について書かれた本を求めて書店を回ってみるとわかるが、世の中で幅を利かせているのは、「（昔の）カリスマ営業マン

図表**2**-3 ▶ 日本における「生産」の手法と「営業」の手法の落差

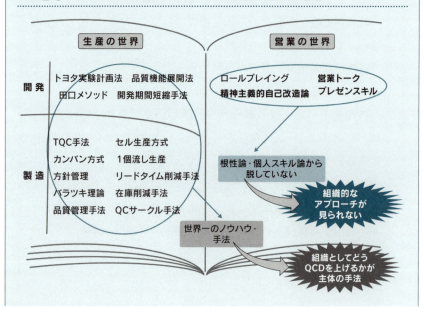

の成功物語」や営業マンの「モチベーション喚起モノ」が大半を占める。

個々の営業マンや営業マネジャーが、日夜頭を悩ませている問題、すなわち、どうしたら販売低迷から脱却できるか？　どうしたら売りにつながる販売計画を作れるのか？　どうしたら新規顧客を探せるのか？　といった課題に応え、実践に使えるメソッド理論が開発されてない。

従来の勘・経験・度胸の「KKD営業」を脱し、科学的アプローチによる「メソッド営業」に転換しなければ、旧態依然の営業を続けることになってしまう。

2 自社の顧客構造を分析する

【メソッド1】

▶ パレート図を使って自社の顧客構造を見える化する。

どんな営業部門にも、顧客別の売上高表はある。たとえば、図表2-4は北海道のある運送会社の顧客別の1年間の売上実績である。このような表は、年に1回作られて、1年間ファイルに綴じられるか、机の引き出しにしまわれたままである。

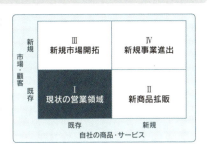

この何の変哲もない表が再び取りざたされるのは、事務的な参照用か、次年度の販売計画を作る際の参考データとして、眺められるぐらいであろう。ほとんど見向きもされないこのデータを、営業マンの日常活動に頻繁に使われる戦略データとして蘇らせてみよう。

◆〔STEP 1〕顧客別売上高をパレート図に変換する

図表2-5の「顧客別売上高パレート図」(以下、顧客パレート図)がそれ

図表 2-4 ▶ 顧客別売上高表（一部）

どこの会社の営業部も作成している売上高リスト

(単位：百万円)

業種	顧客名	売上高/年	業種	顧客名	売上高/年
味噌	マルコメ	14	乳業	雪印メグミルク	4.5
	ひかり味噌	10		明治	4
セメント	トクヤマ	20	農協	北海道信用農協	4
農業機械	松山	13		士幌町農協	1
食品(カレー)	SB食品	7		北石狩農協	0.8
金属製品	YKK	5		そらち南農協	0.1
鉄鋼	新日鉄室蘭	47		ようてい農協	0.1
	北海製鉄	2.5	エネルギー	北海道瓦斯	0.7
	豊平製鋼	0.8		北海道電力	0.1
	JFE条鋼	0.7		北海道エネルギー	0.8
自動車	トヨタ自動車北海道	34	スーパー・コンビニ	イオン北海道	0.9
	トヨタカローラ札幌	18		セイコーマート	0.8
	北海道スバル	0.5			

注：顧客データは100社あり、その一部を抜粋した。顧客名、売上高とも実際とは異なる。

である。これから本書ではパレート図を数多く使っていくので、ここで簡単にパレート図は何かを説明しておきたい。

① パレート図とは、数値の大きい順に並べた棒グラフと、その各数値の累積比率を表す折れ線グラフを組み合わせた複合グラフである。
② 具体的に、図表2-5で説明しよう。まず棒グラフだが、これは顧客ごとの売上高を示す。パレート図の特徴は、これを大きい順に並べることである。数値を表す軸は左軸を使う。この棒グラフの形は、ちょうど横から見た恐竜の形に似ている。
③ 次は折れ線グラフ。これは、それぞれの売上高が全体に占める比率を累計していったものである（右軸）。この折れ線は、「パレート曲線」と名づけられているものだ。累積比率であるから、最終的には100％になる。

図表2-5 ▶ 顧客別売上高パレート図

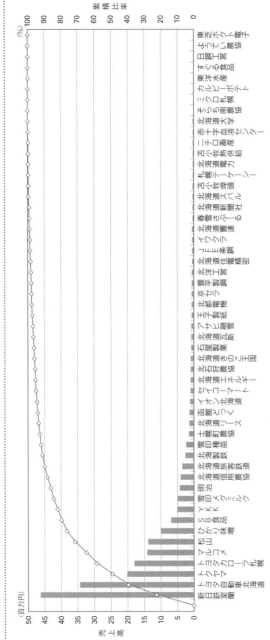

注：企業名は2007年時点。顧客名、金額とも実際とは異なる。

第2章 営業強化 分析のメソッド

◆〔STEP 2〕最重要顧客を抽出する

　それでは、この顧客パレート図を材料にして少し作業を進めよう。

　右軸の累積比率から1本の直線を引いてみる。80％のところから左に向かって引いていく。直線がパレート曲線とぶつかったら、そこからさらに下に向けて直線を引く。

　こうすると、グラフ上に1つのゾーンができることになる。ここに属する顧客層を「Aゾーン顧客」と名づけよう。この顧客層は、全体の売上の80％を占める顧客層ということになる（図表2-6）。

◆〔STEP 3〕さらに顧客の層別化を進める

　さらにもう1本直線を、今度は90％のところから引き、同じようにパレート曲線とぶつかった交点から下に直線を引く。それによって2つのゾーンができるので、これを図のように左から「Bゾーン顧客」「Cゾーン顧客」と名づける（図表2-7）。この直線引き作業によって、顧客の層別化は終了である。

　まずBゾーン顧客は、Aゾーンに対し、プラス10％の構成比の顧客、つまりAとBを合わせると全体売上の90％をカバーする顧客であり、AとBで事実上この会社の売上を決定づける顧客となる。Cゾーン顧客は数の面では非常に多いが、売上に占める比率はわずか10％である。

◆A、B、Cゾーン別顧客対策のポイント

- Aゾーン顧客……売上の8割をカバーしている自社にとっての最重要顧客のため、売上確保の観点から最優先で対応しなければならない。適宜、トップによる訪問を組み込む必要がある。また、この顧客ゾーンから競合他社に鞍替えされたら、Cゾーンから他社移行される場合よりも、はるかに損失が大きいので、顧客維持にも細心の注意が必要となる。

図表2-6 ▶ 顧客別パレート図（Aゾーン顧客）

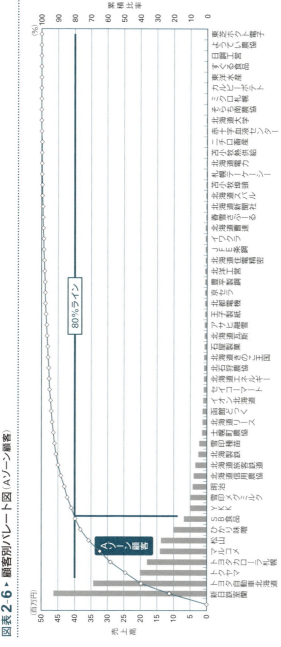

注：企業名は2007年時点。顧客名、金額とも実際とは異なる。

第2章 営業強化 分析のメソッド

図表2-7 ▶ 顧客別パレート図（B、Cゾーン顧客）

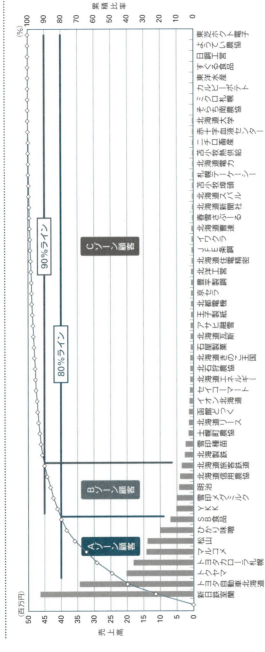

注：企業名は2007年時点。顧客名、金額とも実際とは異なる。

- **Bゾーン顧客**……Aゾーン顧客と合わせて売上の9割を担うので、準重要顧客である。Aゾーン顧客の予備軍となるので、Aゾーン顧客に次ぐ訪問強化、提案強化などの顧客ウォッチ、顧客ケアを欠かさない。
- **Cゾーン顧客**……売上の1割しか担っていないが、顧客数は非常に多い。営業マンも売上が小さいので、「その他大勢組」扱いしがちで、訪問もほとんど行われない場合が多く、「伝票売上顧客」化している。しかしながら、この顧客ゾーンの中に、発掘すれば「金の卵」になる有望顧客が眠っている場合がある。いわばCゾーンは、「宝の山」となりうる要素を持っている。ここをどう発掘するかについては、後段で取り扱うこととする。

◆〔STEP 4〕自社の顧客構造の適性度を調べる

次が最後の作業である。「自社の顧客構造が、果たして適性かどうか」を分析してみよう。そのためには、A、B、C別の顧客数の構成比を見てみる。

	顧客数	構成比
Aゾーン顧客	8社	8%
Bゾーン顧客	5社	5%
Cゾーン顧客	87社	87%

顧客構造が適性かどうかは、この比率の妥当性を見ればよい。

最重要顧客層のAゾーン顧客で、この会社の顧客構造の適性度を判断してみよう。Aゾーン顧客の比率は、このケースでは100社中、8社。つまり8％である（図表2-8）。顧客構造が適性かどうかは、この比率の妥当性を見ればよい。

一般に、多くの経済現象は「パレートの法則」に従うといわれる。パレートの法則は、後述するように、「上位の数の20％が、全体の80％を

図表2-8 ▶ 顧客別パレート図から顧客構造の適性度を判断する

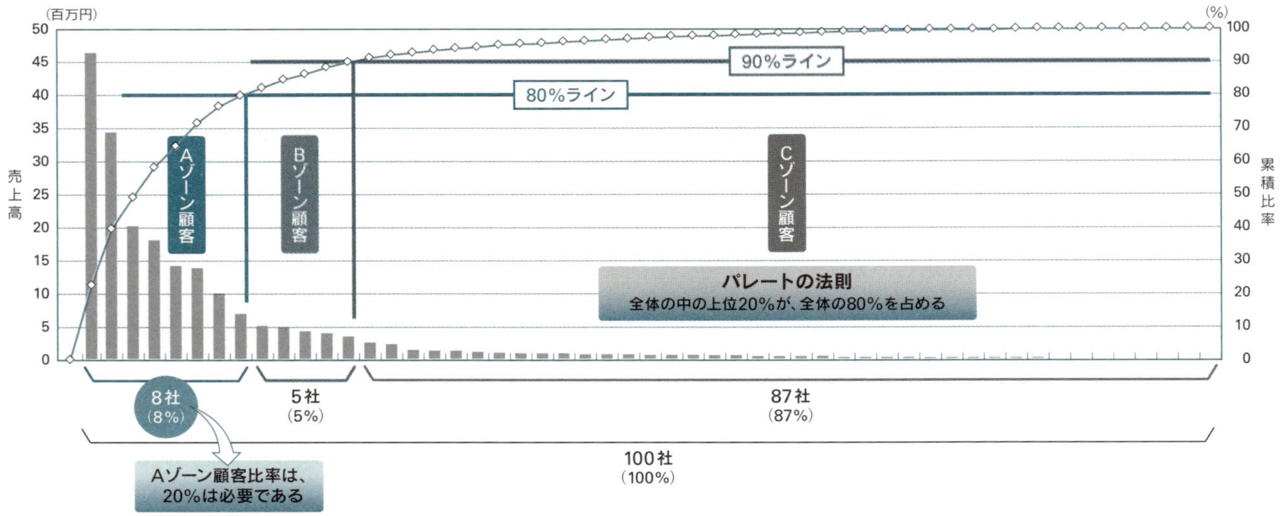

（縦軸左：売上高（百万円）　縦軸右：累積比率（%））

- 90%ライン
- 80%ライン
- Aゾーン顧客
- Bゾーン顧客
- Cゾーン顧客

パレートの法則
全体の中の上位20%が、全体の80%を占める

- 8社（8%）
- 5社（5%）
- 87社（87%）
- 100社（100%）

Aゾーン顧客比率は、20%は必要である

占める」という法則であり、これに従って、この運送会社の顧客構造の安定性を判断してみよう。

　結論からいえば、この会社の顧客構造は「危険」という判断になる。Aゾーン比率は、8％しかないので、このゾーンから競合他社移行や海外シフトなどの顧客流出が起これば、売上の大幅減となり、業績への影響が大きい。Aゾーン顧客の望ましい比率は20％。すなわち20社の顧客数がなければならない。

　グラフを見ていただければわかるが、このグラフは恐竜の背中にあたる部分に「肉がない」構造になっている。これは、Aゾーン比率が少なすぎるからである。

　Aゾーン顧客が20％、つまり20社あれば、この中から一部に流出があっても、対策を打てる時間的余裕がある。しかし、この会社の場合は、8社（8％）なので短期間に売上が激減し、リカバリーするまでの間、その状態がずっと続くことになる。では、どうしたらAゾーン顧客を増やすことができるか、その対策は、第3章の「計画のメソッド」で述べることとしたい。

　このように、何の変哲もない売上リストをパレート図に置き換えることによって、見違えるような戦略図表になることがおわかりいただけたと思う。顧客パレート図によって、自社の顧客構造が「見える化」できただけでなく、後段で述べるように、営業戦略にまでつなげることができる。いわば顧客パレート図は、見えなかったところを見える化する「レントゲン写真」なのである。

◆ **顧客構造上悪いパターンの2例**

　ここで、自社の顧客構造の中で、悪い例での典型例を2つ、顧客パレート図で示してみよう。

図表 2-9 ▶ 1社偏重型の顧客パレート図

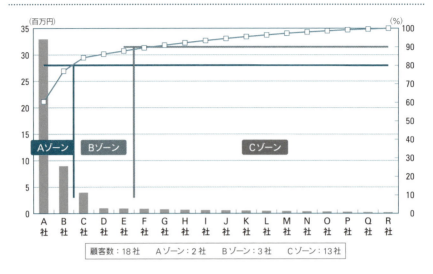

① 1社偏重型の顧客パレート図（図表2-9）

【問題点】

- 1社（A社）に偏重。第2、第3の柱がない。
- A社が競合他社に奪われたら、売上壊滅。
- 売上維持のため、A社の言いなりになりがち。したがって、売上は多いが利益は少ないというパターンが多く見られる。
- 次の柱探しのためには、B、Cゾーン顧客を隈なく訪問し、丹念に掘り起こさなければならない。

② 多数横並び型の顧客パレート図（図表2-10）

【問題点】

- Aゾーン顧客が非常に多い（11社、全体の6割以上）。
- 現状の売上維持のために、11社全部を徹底的に巡回訪問しなければならない。
- したがって、新規顧客開拓になかなか時間が割けない。

図表 2-10 ▶ 多数横並び型の顧客パレート図

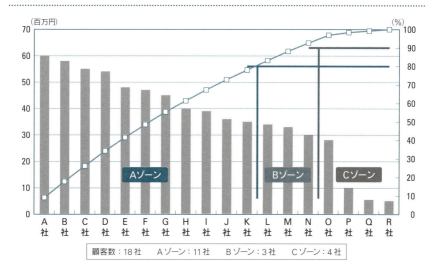

パレートの法則の由来

19世紀イタリアの経済学者であったヴィルフレド・パレート（1848〜1923年）は、あるとき、ヨーロッパ各国の税収と納税者の納税額との関係を調べていた。すると、どの国でも、上位20％の高額納税者が、その国の税収全体の80％を占めていることを発見した。

これが後に「パレートの法則」として世に知られることになった起源である。この「上位20％が全体の80％を占める」という法則は、別名「20：80の法則」とも呼ばれ、いろいろな経済現象を説明する法則として、今日でもよく知られている。

しかし、パレートが発見したこの法則は、パレートの存命中は脚光を浴びることはなく、この研究成果を掘り起こし、統計的な法則として蘇らせたのは、1940年代のアメリカの品質管理の第一人者であったジョセフ・ジュラン博士である。パレートの法則という名付け親も、またパレート曲線としてグラフ化

したのも、ジュラン博士である。

　品質のバラツキ現象を研究していたジュラン博士は、不具合を発生頻度順に並べると、比較的少ない種類の不具合が発生件数の大半を占めていることに気づき、その後パレートの経済理論と突き合わせて自分の理論を完成させ、それをパレートの法則と命名した。

　パレートが発見した税の理論は、半世紀を経て姿を変えて、品質管理の定番ツールとして活用されるに至ったわけである。このパレートの法則は、営業の世界で活用する例はあまりないが、顧客構造を調べるのに非常に有効なツールであるので、私はコンサルティングの現場でも活用させてもらっている。

3 自社の市場構造を分析する

【メソッド2】

▶ 自社が市場にどこまで食い込んでいるかを
マトリクス表（市場見える化マップ）で把握する。

　先には【メソッド1】を使って、自社の「顧客構造」の分析を行ったが、この【メソッド2】は、自社の「市場構造」の分析である。自社が市場をどれほどカバーしているのか、その状況を見える化する手法だ。

　現在のような景気がクルクル変わる時代には、既存顧客だけに依存した構造は危険である。新規開拓をして、顧客基盤を広げておかなければならいことは、自明の論理である。しかし、言うは易く行うは難し。現在、自社の商品・サービスを使ってくれている業種の中から、まだ開拓していない同業他社を探すだけの作業だが、これが結構大変だ。

図表2-11 ▶ 顧客内シェアのデータ

業種	企業名	顧客内シェア
味噌	マルコメ	55%
	ひかり味噌	100%
カレー	SB食品	20%
セメント	トクヤマ	15%
農業機械	松山	60%
金属製品	YKK	5%

注：図表2-4より一部データのみを抽出して作成。顧客名、顧客内シェアとも実際とは異なる。

　本来なら、こうした営業戦略的な仕事は、営業企画部のようなスタッフ組織を置いて本格的に作業を行わなければいけないが、これは大企業のように人員に余裕があるわけではない中小企業にとっては望むべくもない。

　だから勢い、この仕事を一線の営業マンに投げてしまう。しかしながら、ただでさえ競合他社と戦いながら、既存顧客の維持・深耕に多忙な毎日を送っている営業マンに、こういった営業企画的な仕事をさせること自体無理がある。

　したがって結局、新規開拓問題は、多くの企業で必要性が叫ばれながら、竜頭蛇尾になっているのが現状だ。

　そこで、以下に紹介するのは、そうした人的余裕の少ない企業のために考案した、一発解決型のシンプルだが汎用性の高いツールである。

　ここでも使用するデータは、【メソッド1】で使った何の変哲もないベタの顧客リストだ。ただ異なるのは、売上高の欄を顧客内シェアに変えて記入する点だ（図表2-11）。このリストは、【メソッド1】で使ったものから作業の都合上、5業種だけを抜き出してある。

　運送会社における「顧客内シェア」とは、顧客が発注する貨物量のうち、自社がどれだけの仕事をもらっているかの割合である。もし自社だけにしか発注していなければ、顧客内シェアは100％になる。たとえ

ば、マルコメは55％なので、残りの45％分は他社へ発注していることになる。一方、ひかり味噌は100％なので自社にだけ発注している。

このリストをこれからの作業で戦略マップ（市場見える化マップ）に豹変させてみよう（図表2-12）。

【作成方法】
① 縦軸に、自社の顧客を業界別に分け、その業界名を並べる。
② 横軸に、その業界に属する企業を規模の大きい順に並べる（ここでは、「業界内シェア」の順に並べているため、市場シェアのパーセント順に入力されている。ちなみに、このマップの企業順は、2007年当時のデータに基づく）。
③ 自社と競合他社の状況を記入する。自社の顧客である場合は、識別のために色をつけ、顧客内シェアも記入する。
④ 「対策」の欄は、できあがったマップを分析し、そこから考えられる拡販対策を書き込む。

◆ 業界内の企業リスト作成のポイント
- この事例は北海道の運送会社なので、リストに入れる企業は道内の企業に絞っている。自社が全国を営業対象とする企業の場合は、全国ベースの企業を入れるようにする。また、自社の地方支店・営業所用にこのマップを作る場合は、そのテリトリー内の企業をリスト化する。
- 会社の規模の大きさ順を見つける方法は、上場企業であれば公表されている売上高や資本金額、従業員数で並べる。同じ業界の中の大きさ順の比較なので、基準が金額である必要はなく、同一の基準であればよい。自社の市場カバー状況を見ることが目的なので、比較する基準が厳密性を欠いても問題ないとする。
- 企業規模の大きさ順の代用基準としては、上記の基準の他、敷地面積（の大きさ）、エリア内の店舗数（スーパー・コンビニ業界、飲食業などの

チェーン店業界）などが挙げられる。

◆このマップからわかること

私はこのマトリクス図を「市場見える化マップ」と呼んでいる。このマップからわかることは、次の2点である。

- 自社が市場にどこまで食い込んでいるか、あるいは逆に、どこまで食い込んでいないかが一目瞭然でわかる。
- 業界内のどの企業が新規攻略対象であるかが、表から抽出できる。

つまり、このマップを作ることによって、鳥が上空から地上の獲物を狙うように、自社の市場カバー状況を鳥瞰図的に眺めることができ、現状で手薄の場所はどこか、あるいは新規対象企業はどこかを、ピンポイントで特定することが可能になる。

たとえば、このマップから、自社は味噌、カレー、金属製品業界ではトップまたは準トップ企業を押さえているが、下位企業に横展開できていない。また、セメント、農業機械分野では、下位企業にしか入れていないことがわかる。

こういうマップを作ってみると、なぜこんなに市場カバー率が悪いのか、なぜこんな状況を放置してきたのか、などといった疑問が当然わき起こってくるが、実はこれが多くの企業の営業部門の現実である。

なぜかというと、繰り返しになるが、ほとんどの企業では客先管理は営業マンのお任せになっている。つまり、一種のブラックボックス化している。いったん、ブラックボックス化してしまうと、上司は中をのぞけない、あるいは、のぞこうとしない。こうしてますますブラックボックス化が進む。

顧客リストだけでものを考えず、いったん、こういう見える化の戦略マップを作っておけば、営業マンも上司も共通ツールができる。年ごと

図表 2-12 ▶ 市場見える化マップ

① 縦軸に業界名を並べる

	業界内順位	①		②	
	企業名	マルコメ		ハナマルキ	
味噌	業界シェア	16.4%		7.7%	
	輸送業者	自社	その他	その他	
	顧客内シェア	55.0%	45.0%		
	対策	フェリー会社とのタイアップ提案		フェリー会社とのタイアップ提案	
	企業名	ハウス食品		SB食品	
	業界シェア	60.3%		28.9%	
カレー	輸送業者	その他		自社	その他
	顧客内シェア	100.0%		20.0%	80.0%
	対策	関東出荷分を営業		3PL提案し顧客内シェアup	
	企業名	太平洋		宇部三菱	
	業界シェア	38.4%		24.2%	
セメント	輸送業者	その他		その他	
	顧客内シェア				
	対策	シャシー増車要			
	企業名	クボタ		ヤンマー	
	業界シェア	40.1%		22.6%	
農業機械	輸送業者	その他		その他	
	顧客内シェア				
	対策	ウィング車増車要		ウィング車増車要	
	企業名	トステム		YKK	
	業界シェア	37.5%		27.6%	
サッシ	輸送業者	その他		自社	その他
	顧客内シェア			5.0%	95.0%
	対策	フェリー会社とのタイアップ提案		3PL提案し顧客内シェアup	

③ 自社が食い込んでいる顧客箇所を塗りつぶす

② 横軸にその業界に属する企業を規模の大きい順に列挙する

③	④	⑤	⑥	⑦
マルサンアイ	かねさ	宮坂醸造	ひかり味噌	フンドーキン
5.4%	4.8%	3.5%	3.4%	2.6%
その他	その他	その他	自社 100.0%	その他 0.0%
江崎グリコ				
9.9%	0.9%			
その他	その他			
大阪出荷分を営業				
住友大阪	トクヤマ	麻生	第一	日立
17.8%	6.7%	3.3%	1.8%	1.4%
その他	自社 15% / その他 85%	その他	その他	
井関農機	三菱農機	丸山製作所	コマツゼノア	松山
10.3%	6.2%	3.0%	2.3%	2.1%
	その他	その他	その他	自社 60.0% / その他 40.0%
三協アルミ	新日軽	立山アルミ		
12.7%	10.1%	6.6%		
その他				

このマップでわかること❶ ▶ 自社が市場にどこまで食い込んでいるか/食い込んでいないかがわかる

このマップでわかること❷ ▶ 反対にどこを新規攻略すべきかが一目瞭然でわかる

にメンテナンスもできる。営業マンが交代した際の高度な引き継ぎ資料にもなるのだ。

ランキング表作成のためのデータベース

「市場見える化マップ」を作成するために、順位づけ（ランキング）のもとになるデータソースのいくつかをご紹介したい。

①全国企業ランキングデータ

データ名	発行元	注意点
全国企業あれこれランキング	帝国データバンク	
日経経営指標	日本経済新聞社	
会社年鑑	日本経済新聞社	上場企業対象、2006年版をもって廃刊
日経会社ランキング	日本経済新聞社	
法人申告所得ランキング	ダイヤモンド社	申告所得年間4000万円以上の企業6万9000社のデータ記載。税法改正で申告所得の公示制度が廃止されたため、2006年版をもって廃刊
全国優良法人所得名鑑	東京商工リサーチ	94業種を記載。上記と同じ理由で2006年版で廃刊
日経トレンド情報源	日本経済新聞社	小売・卸売業、飲食店、コンビニ、百貨店などのランキングを記載
海外進出企業総覧（会社別編）	東洋経済新報社	海外進出企業を網羅したものとしては唯一のデータ
外資系企業総覧	東洋経済新報社	上位100社のデータ

②個別企業の概要データ

　帝国データバンクの会社年鑑（全国14万社の資本金、売上高などのデータが都道府県別に記載）

③市場調査レポート

　下記の2社から、個別製品別あるいは技術動向別に詳細な市場・企業動向のレポートが刊行されている。ピンポイントで企業を絞らなければならない場合

に参考になる。

機関名	最近のデータ
矢野経済研究所	リチウムイオン電池主要4部材市場動向
	病院設備機器市場の現状と将来展望
	監視カメラ市場予測と次世代戦略
	食品宅配市場の展望と戦略
富士キメラ総研	機能性塗料市場・グローバル展開と将来展望
	車載電装デバイス&コンポーネンツ総調査
	プロジェクター市場の徹底分析調査
	ソフトウェアビジネス新市場

④業種別協会・組合の会員リスト
多くの業種で協会が結成されており、その会員企業リストを入手する。

4 自社の業種構造と市場構造のミスマッチを分析する

【メソッド3】

▶自社の業種構造が世の中の経済構造と合致しているかをチェックする。

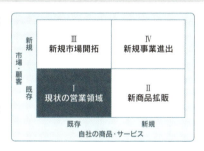

時として、自社の業種別売上構造が世の中の構造と大きく食い違っている場合がある。しかし、企業というものは奇妙なもので、自社の中にいるとその違いがわからないことが多い。営業マン個々人だけでなく、組織ごとそれが起こる。

そして、年月を重ねていった結果、自社の売上構造が世の中の成長パラダイムと大きくずれていき、もはや簡単な方法ではパラダイム修正が

きかないレベルにまでなってしまっている場合がある。組織ごと、会社ごと「ゆでガエル」になってしまった結果だ。

　以下は、ある老舗企業の実例である。その例に沿って説明しよう。

　ここで紹介する企業は、戦前創業の業界草分けの汎用装置メーカーだ。化学業界、窯業業界に強い固定的ファンを持っている。かつては技術力を売りにしたトップメーカーだったが、高度成長期、その後のデフレスパイラル低成長期の業界競争激甚期にズルズルと市場地位を後退させ、現在は下位に甘んじている。

　その実例を神奈川県をテリトリーとする支店での例で紹介したい。この支店には営業マンが4名おり、その行動力（訪問件数）、提案力も水準以上で、引合いをもらったら5割以上の確率で受注に結びつけていた。しかしながら、この支店の売上は、この十数年ずっと下降線をたどってきている状態だ。

　さて、それではどこに着目すべきだろうか。図表2-13はこの支店の業種別売上構成を示したものである。得意業界の化学、窯業にはさすがに高い構成比率を持っている。ここで、この自社の業種別売上構成比を「自社シェア」と呼ぶことにしよう。

　さて、それでは「世の中シェア」はどうなっているのだろうか。世の中シェアとは、私の造語だが、世の中の経済構造の実データだ。今回は、会社の売上の業種別構成比に相当する世の中のデータが必要となる。しかも、神奈川県のものだ。

　こういう都道府県別データは非常に整っている。神奈川県庁に行けばすぐ引っ張り出してくれる。そこで世の中シェアとしては、神奈川県の業種別工業出荷額を取ってみる（図表2-14）。そして、両者を比較してみよう。

　比較してわかることは、自社シェアでNo.1の化学は、世の中シェアでは5番目の業種である。No.2の窯業・土石製品は10番目の業種にすぎない。そして、自社シェアの最後尾に近い輸送用機械は、神奈川県で

図表2-13 ▶ 神奈川支店の業種別売上構成(2007年)

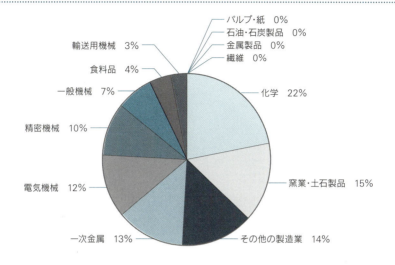

はNo.1の業種である。こうしておわかりのように、この会社の最大の問題は、売上構造の「パラダイムシフト」を怠ってきたことにある。

　企業も人も、どうしても「既知」のものにすがりたがる。
　会社の売上が下がっていくと、既存業界の深掘りがまだ足りないと考えて、その業界用に製品ラインナップも揃えて販促対策も打っていく。それでも売上がじりじり下がる。また深掘りを行う。未知の業界に打って出ることよりも現実解があると信じて、既存業界にのめり込んでいくのだ。
　この深掘り戦略が、どんどんこの会社を世の中の成長ゾーンから遠ざけるのである。既存業界の「深掘り」は大事だが、深掘りに埋没してはならない。その教訓の事例である。では、どうしたらこの悪循環から脱却できるか。それは未知の業種への徹底した新規開拓に尽きるが、その説明は、次章で行うことにしよう。

図表 2-14 ▶ 自社の売上構造と世の中の経済構造とのミスマッチ

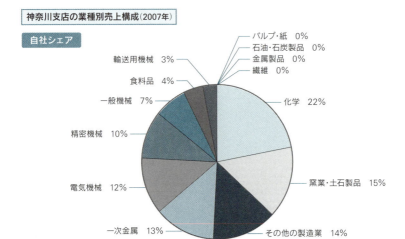

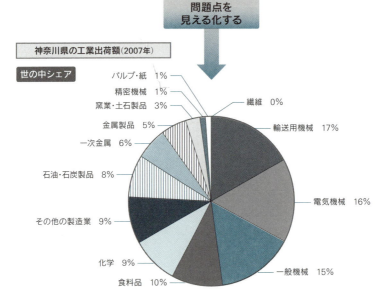

出所：神奈川県庁資料より作成。

第 3 章

営業強化 計画のメソッド

「良い計画は良い結果を生む」という言葉があるが、計画づくりを粗雑にやると、結果がついて来ない。KKD（勘・経験・度胸）的な計画づくりを卒業して、論理性のある実行性の高い売上計画をどう作るべきか、第2章の分析編を経て、第3章では、営業部門における計画作成のメソッドについて述べていきたい。

まず本章での作業の流れを理解していただくために、図表3-1の樹形図を作成した。

計画作成のケースを「アンゾフのマトリクス」の分類に従い、①～④に分けた。ただし、第4の分類の「新規事業進出」（アンゾフの分類名は「多角化」）は、本書のねらいとするところとは、分析のアプローチも適用するメソッドもかなり異なるので、対象外とした。

◆ 3つのケースの説明

①の「既存の深掘り」には、3つのメソッドを充てた。なぜなら、売上が足りない場合（こういうケースは企業で一番多いケースであるが）、短期間で最も確実な増販計画を組みやすいのが、既知の顧客・市場に対する攻略計画としての「既存の深掘り」である。このため、業種の特性に応じて対応できる3つのメソッドを動員して計画作成者があまり苦労せずに、しかし、論理性の高い計画を作成できるようにした。

図表3-1 ▶ 売上計画とメソッドの分類

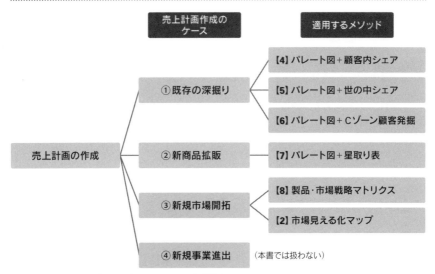

注:【 】は第2章と第3章で取り上げているメソッド番号を示す。

　②のケースは、既存のラインナップにない新商品・サービスを既存顧客・市場に拡販する場合であるが、これについては、営業マンが取り組みやすい、簡単だが効果の高いメソッドを取り上げた。

　③のケースは、新規顧客（市場）・新規市場開拓という既知の顧客・市場ノウハウが使えない計画づくりである。新規市場開拓はどんな企業にとっても、チャレンジすべき課題であるが、これはステップを踏んで、データという事実の裏づけを取りながらアプローチしないと、効果が出ない種類の計画作成である。そのため、かなり紙数を割いて各ステップの作業を詳述してある。

　それでは、3つのケースに従って、計画作成の方法を述べていこう。

1 ケース① 既存の深掘り

◆ ちょっと待った！「新規、新規」と言う前に……

　よくあるケースだが、売上の伸びが止まってくると、拡販のネタとして「新規開拓」を最重要課題に挙げて、営業部隊にハッパをかける経営者、営業幹部が多く見られる。今まで使っていた井戸が涸れかかったので新しい井戸を探して掘れ、というわけである。

　特にこのままでは来期赤字転落になりかねないときに、「頼みの綱」とばかりに決まって上層部が持ち出してくるのが、この新規開拓である。

　「ちょっと待った！」とコンサルタントの私はそこで言うことになる。「本当に井戸が涸れているのか？　新規の井戸掘りに行く前に、やらなければならないことがあるのではないのか？」──それが私の問題提起である。

　新規の井戸など、実際はそう簡単に掘り当てられるものではない。掘り当てたとしても、新規開拓は種蒔きから始めて刈り取りまで１〜２年という長丁場。短期に売上が欲しいときの頼みの綱とするのは難しい。それよりも、すでに口座も人脈もあり、新規案件を提案しても、成約までに長時間を要することのない既存顧客を、もう一度真っ正面から見据え直したらどうだろう。

　それがここで説明する「既存の深掘り」戦略である。次の３つのケース（A〜C）でそれを取り上げる。

- **ケースA**……すでに【メソッド１】として、第２章で紹介した顧客別売上高パレート図に、顧客内シェアグラフを抱き合わせた図表をもとに、計画を策定する方法。２面パレート図という著者の独自開発のツールを使う（これは、ほぼすべての既存顧客の深掘り作戦に適用でき

る万能のやり方である)。適用するメソッドは【4】。
- ケースB……自社の顧客がスーパーやコンビニなどの単一業種である場合に、大きな効果を発揮する「深掘り」計画作成法。これも2面パレート図を使う。適用するメソッドは【5】。
- ケースC……普段は「その他大勢」組とされて見向きもされないCゾーン顧客から「宝の山」を見つける計画作成法(これも、ほぼすべての深掘り作戦に適用できる万能のやり方である)。適用するメソッドは【6】。

1-1　ケースA：2面パレート図(顧客別売上高＋顧客内シェア)の活用

【メソッド4】

▶顧客内シェアに着目して、既存顧客を最重点化する

このケースでも、パレート図を活用するが、ここではさらに工夫を凝らした、私が「2面パレート図」と呼んでいるツールを使って、深みのある計画づくりを行う。

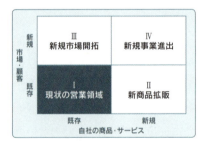

さっそく本題に入ろう。営業マンA君の個人の来期の計画を作るケースを想定して話を進める。話をシンプルにするため、顧客数は絞ってある。

図表3-2をご覧いただきたい。この図では、第2章で登場させたパレート図の下に各顧客別の「顧客内シェア」のグラフを抱き合わせてある。2つのグラフを対照させるために、下のグラフは下向きにした。

顧客内シェアとは、第2章の「市場見える化マップ」のところでも少し触れたが、顧客がサプライヤーに発注する総額の中で、自社がどれだけ占めているかの比率である。「インハウスシェア」ともいう。顧客

図表3-2 ▶ 顧客内シェアを加味した2面パレート図

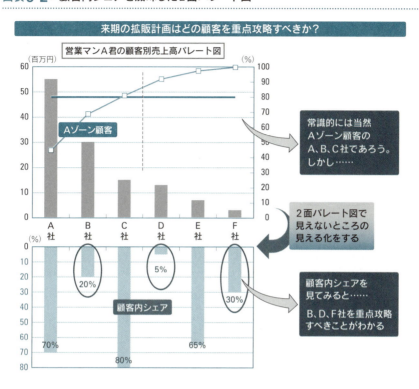

のすべての購入額を分母とするのではなく、自社が納入している消費・サービスの領域相当の発注額を分母とする。したがって、自社の比率以外の比率は同業他社が獲っている比率となる。

本章では、このような2面パレート図を盛んに使っていく。それは、パレート図だけでも十分問題を見える化してくれるが、さらにその奥にある問題点をより表面にあぶり出させるためである。いわば、「見えないところを『見える化』する」手法といえる。

ただし、正確に言うと、下に抱き合わせで持ってくるグラフはパレート図ではない。あくまでも上のパレート図だけではわからない奥の部分をあぶり出すためである。

さて本題に戻ろう。まずこの２面図の上の部分のパレート図だけを見てみよう。このパレート図だけから導き出される結論は明らかである。Aゾーン顧客が最重点顧客であるから、来期A君の計画は当然Aゾーン顧客の売上を厚めにした計画を立てなければならない。

しかし、もう一歩奥に踏み込んで、このパレート図からではうかがえない別の側面、つまり下のグラフの「顧客内シェア」を見てみよう。

これを見ると、A、C、E社は顧客内シェアが相当高いことがわかる。これだけ当社のシェアが高いと、よほど当社商品がダントツかオンリーワン商品でない限り、顧客側はさらにシェアを伸ばすのに二の足を踏みがちである。最近の顧客は１社偏重ではなく、複数購買政策を採る傾向が強いからだ。

むしろ高シェア顧客に対しては、営業マンとしては、顧客側が高シェアに危機感を募らせて、ひそかにシェア削減を考えているかもしれないことも、想定しておかなければならない。唯一これらの顧客が当社の売上を伸ばしてくれるのは、顧客の事業が伸長して、シェアは変わらないが、発注額が増える場合のみである。

したがって、A君としては、来期拡販計画は、まだ当社シェアの低いB、D、F社を重点に考えるべきである。仮にこれら顧客シェアがA、C社なみになると、大幅な拡販が可能になる。

このように、２面パレート図を使うと、「メリハリのある」実現性の高い売上計画の作成が可能となる。このような２面パレート図は、営業マンごとに作るだけでなく、営業部門全体、営業所全体として作成し、拡販作戦のツールとして役立て、より一層複眼的な見方に立った計画が策定できる(図表3-3)。

図表3-3 ▶ 全体の2面パレート図

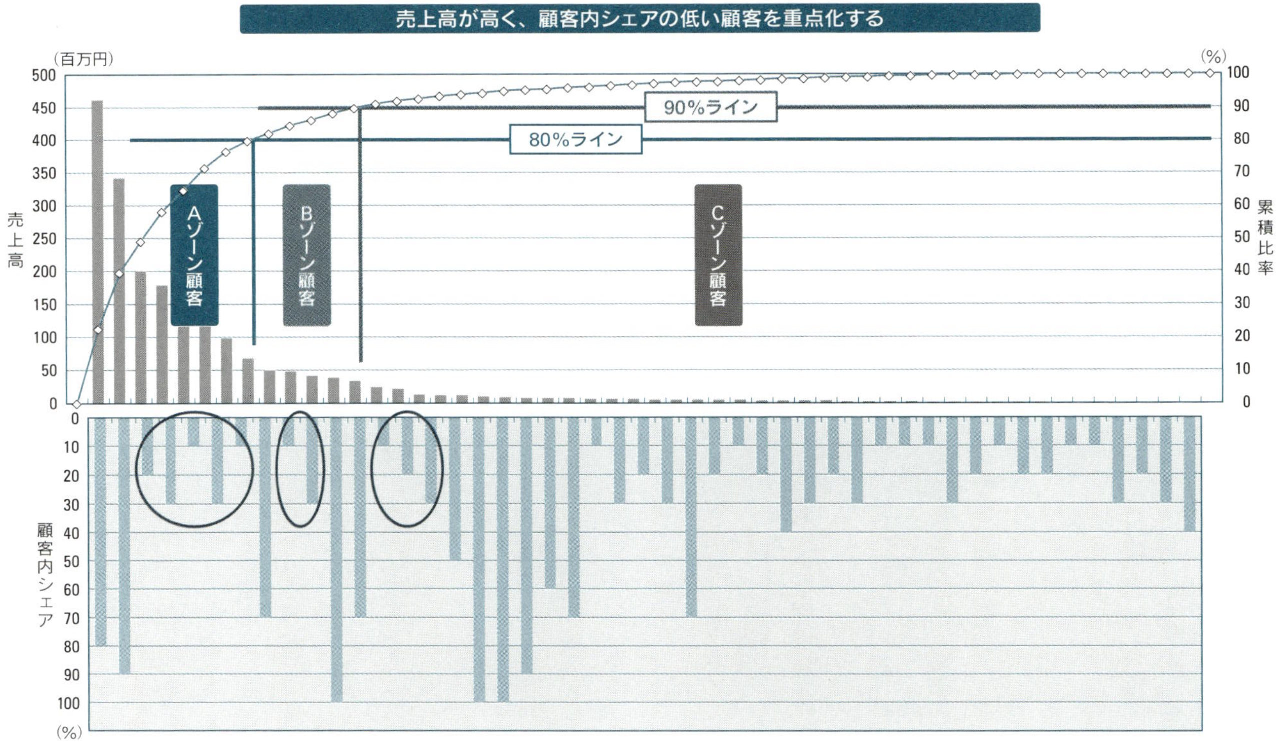

売上高が高く、顧客内シェアの低い顧客を重点化する

第3章 営業強化 計画のメソッド

1-2 ケースＢ：２面パレート図（当社シェア＋世の中シェア）の活用

【メソッド5】

▶ 自社と世の中とのギャップを見つける。

次は、スーパーやコンビニなどの単一の業種を顧客とする、「チャネル営業」の場合の深掘りを考えてみよう。ここで取り上げるのは、名古屋地区のスーパーを対象顧客とする、ある洗剤メーカーのケーススタディである。

このメーカーの名古屋支店長は、本社営業本部長から、「今期の売上目標を前期比10％増で計画せよ」と命じられた。支店長としてはいろいろ考えたが、顧客別にどのように割り振ればよいかの妙案がなかったので、名古屋地区の各スーパーごとに、10％ずつの上乗せを行って担当営業マンに計画を提示した。このことを図表3-4に示してある。

非常に多くの企業が犯すあやまちが、このケースである。

このやり方で売上計画を策定すると、結果は惨敗に終わる。なぜか。それはこのやり方が、高度成長期のやり方そのままだからである。

そもそもこの低成長期に、どの顧客も前期比で10％増ずつ買ってくれると考えること自体が、市場論理を無視したやり方だからである。しかし、合理的なやり方がわからないから、こういう昔やった一律的、画一的なやり方で、大事な年度計画を策定してしまっている。

それでは、どうすれば正しい計画づくりに近づけることができるだろうか。正しい計画づくりとは、顧客別の割り振りを、市場の状況に合わせて行うことである。市場の状況に合わせるとは、大規模店には厚く、小規模店には薄く割り振ることである。

図表3-4 ▶ 洗剤メーカーの顧客別10％増計画

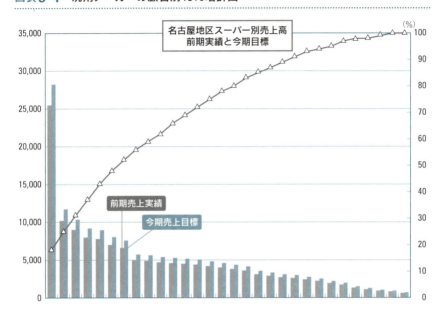

　スーパーの規模の大小は、一般的には売上順位だが、それ以外に店舗数や従業員数がある。まず売上順位だが、スーパーに関しては、全国一本の売上ランキングはいろいろな調査データがあるので、インターネット検索で容易に手に入れることができるが、都道府県別データとなると、各社が機密扱いしている場合が多いために入手するのは難しい。

　したがって、「店舗数」や「従業員数」などの大きさを表す代用指標を使って考えればよい。この場合の代用指標は「スーパー別店舗数」が適切だろう。店舗数ならば、どの営業マンもそらんじているほど、よくわかっている。店舗数の多いところは、単純に売上も大きいと考えても、それほど大きな間違いは犯さないと考えられるからだ。

　前期の売上実績を示すスーパー別売上パレート図に対し、それに対応するスーパーの店舗数を下向きグラフにして抱き合わせ、2面パレート図にしてみよう（図表3-5）。

図表 **3-5** ▶ 洗剤メーカーの「当社シェア＋世の中シェア」の2面パレート図

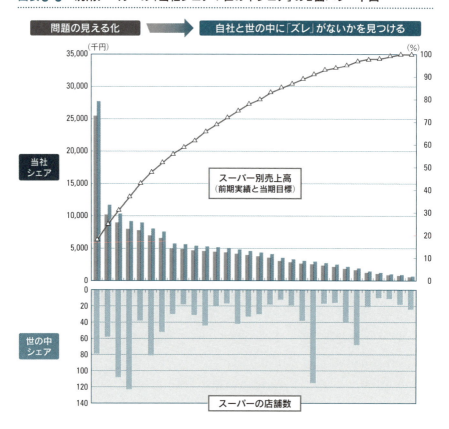

　上のグラフを「当社シェア」（当社の順位）、下のグラフを「世の中シェア」（世の中の順位）と呼ぶことにしよう。

　グラフからおわかりのように、自社の売上順位（当社シェア）とスーパーの店舗数順位（世の中シェア）はかなり違っている。世の中シェアのほうは、当社シェアグラフのようにはきれいに並んでいない。刃の欠けたノコギリである。さらに世の中シェアのグラフを見ていくと、当社シェアの順位のかなり下位のところに、店舗数の大きい顧客があることがわかる。

なぜこのようなことが起こるのだろうか。それは営業マンの入・退社が激しいと、営業マンから営業マンに引き継がれる顧客リストが精査されずに、古い情報のまま引き継がれっぱなしになる。しかし、市場では数年の間に大きな変化が生じているのに、それが反映されない。このことが原因となっている。

　1人の営業マンが何十社も顧客を抱えていると、ときどきその中身を棚卸しして、最新の顧客情報に洗い替えしなければならないが、こういう面倒なことはなかなか手をつけないまま、年々同じ情報で勝負している。こういうことに起因しているのである。

　では逆に、世の中シェアの順番に自社の売上を並べたらどうなるか。それが図表3-6である。

　これは一目瞭然。自社の売上構造が世の中と大きく乖離していることがわかる。名古屋地区で2番目の店舗数を誇るスーパーは、自社の売上では、「どん尻」顧客であり、名古屋地区で1番大きいスーパーは自社の売上では平均的な「並み」の顧客である。また、自社で売上トップの顧客は、名古屋地区では5番目のスーパーにすぎないことがわかる。本来ならば、店舗数上位4社の売上は自社トップ顧客の売上よりはるかに大きくならなければいけないはずだ。

　さて、これで私が、「各社一律割り当て型の売上計画が惨敗に終わる」と申し上げた理由が、おわかりいただけるだろう。

　したがって、名古屋支店長がやるべきことは、当社シェアと世の中シェアの考えに基づいて、当社売上と世の中とのギャップを把握したうえで、ギャップの大きい顧客には、あるべき姿にふさわしい高い目標値を設定するという、強弱をつけた販売計画を策定することだ。

　そのうえで、今後の大幅な拡販が見込める顧客には、トップ営業マンを張りつけて訪問頻度を上げさせ、拡販提案をさせるとともに、自社トップや支店長のトップ営業も必要に応じて行うべきだろう。

図表3-6 ▶ 店舗数順＋自社売上高順の2面パレート図

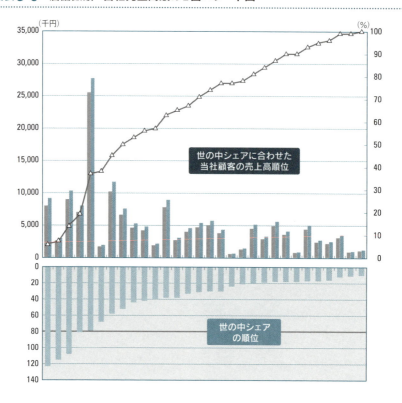

1-3 ケースC：「その他大勢顧客」の山から隠れた鉱脈を見つける

【メソッド6】

▶Cゾーン顧客を活性化する。

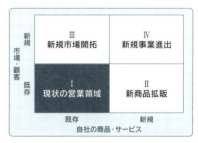

　Cゾーン顧客は、数は多いが売上貢献度が低い。だから普段、営業マンは重要視しない。訪問もたまにしかしないか、全く訪問しないまま放置している。こういう場合が多い。いわばCゾーン顧客は「十把ひとからげ」扱いである。

　これが年々繰り返されるうちに、自社では「十把ひとからげ」顧客だが、その間、凄い成長余力を持った顧客がCゾーンの中に誕生している場合がある。しかし、それが自社にはわからない。

　この【メソッド6】は、そのような顧客の中に眠っている「宝の山（隠れた鉱脈）」を見つけるメソッドである。

　それでは、図表3-7と図表3-8を見ながら作業手順を説明しよう。このメソッドのポイントは次の点である。

①AおよびBゾーン顧客は、自社の売上の9割を占め、自社の商品を多数買ってくれる重要顧客である。
②したがって、AおよびBゾーン顧客の業種は、自社の商品がよくマッチする適合業種であると仮定してよい。
③Cゾーン顧客の中に同じ業種があれば、その顧客は拡販余地が大きいと考えられる。
④そこで、Cゾーンから同じ業種企業を抽出したうえで、その中で勢いのある成長基調の顧客を選んで、その顧客を重点拡販計画の対象

図表 3-7 ▶ Cゾーン顧客を活性化させるパレート図

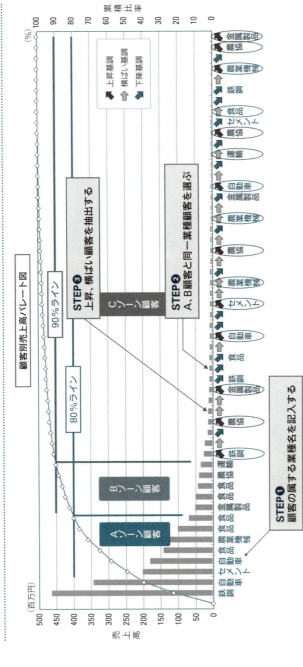

注：矢印は仮定のもので企業実態を表すものではない。

図表3-8 ▶ Cゾーン顧客の活性化

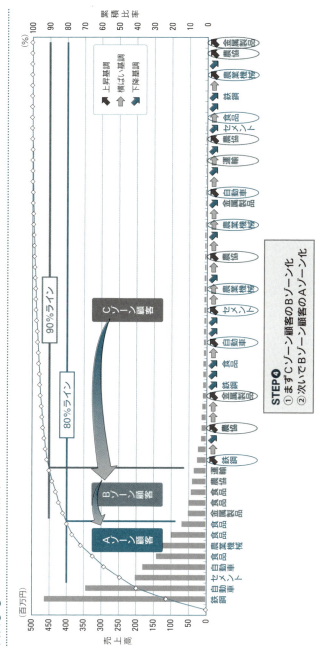

第3章 営業強化 計画のメソッド

とする。

⑤そのうえで、1〜2年以内の実現を念頭に、Cゾーン顧客がB、Aゾーン顧客になるような拡販計画を策定する。こうすることで、Aゾーン顧客比率が低い企業の対策が立てられる。

【作業手順】

〔STEP 1〕AゾーンおよびBゾーン顧客の属する業種を顧客名に代えてグラフ上に代入する。

〔STEP 2〕Cゾーン顧客の中でA、Bの顧客と同一の業種に属する顧客をピックアップし、その業種をグラフ上に記入する。この作業を行う目的は、A、Bの顧客はこの会社にとって売上の高い重要顧客であり、重要顧客ということは、この会社の製品・サービスが顧客にフィットしているということになる。したがって、Cゾーンの中で同一業種の顧客があれば、その顧客は自社にとっての重要顧客となりうる、という仮説が立てられるからだ。

〔STEP 3〕Cゾーン顧客の今期の成長基調（業績上昇・横ばい・下降）を判断するために、矢印で表示する。

〔STEP 4〕Cゾーンの中から、業種がA、Bゾーンと同じでかつ今期上昇または横ばい企業を選択する。こうして抽出したCゾーン企業を重点攻略対象として、訪問強化、提案等の販促強化対策を講じてBゾーン化、さらにはAゾーン化していく。このSTEP 4のイメージは、図表3-8をご覧いただければ、おわかりいただけるだろう。

10%増の計画は、
20%増の計画に相当する!?

　販売計画を立てる場合、前期の実績に対して10%増の計画は、大抵の企業が考えることである。経営者にしてみれば、自社の業績動向や先行きの市場環境を考えた場合、10%増の売上は最低限達成してもらわなければならない水準であり、営業部隊が少し頑張ってくれれば達成できないはずはない、と考えるレベルだからだ。

　世の中の景気は前年と同じ程度。良くはなっているわけではないが、悪くなっているわけでもない。だから営業が少し踏ん張ってくれれば、やれないわけはないと考える。

　ところが、これがなかなか達成されない。そこで経営者のかんしゃく玉が破裂する。「たかが10%達成できなくて、何のための営業だ！」と。そこでこの問題を少し論理的に考えてみよう。

　今ここに2つの水槽があったとしよう。「前期の水槽」と「今期の水槽」だ。今期の販売量は前期の10%増であるから、今期の水槽の水量は、今期に引き継ぐ前期の水量が目減りしないと仮定すると、10%の水量に相当する四角形ABCDの面積分だけ増加することになる（図表3-9）。

　しかし、実際の販売の場面では、期初の開始時点からいきなり10%の高さ

図表3-9 ▶ 売上計画を水槽の水量にたとえる

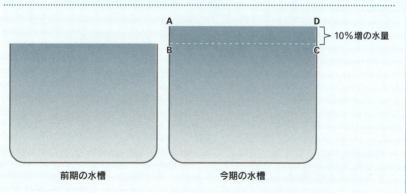

図表3-10 ▶ 増販の三角形

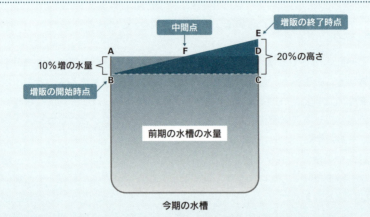

の販売は実現できない。現実は、期初は前期の高さレベルからのゼロスタートであり、徐々にタンジェントを上げながら増販が進行するのである。すなわち、三角形EBCのような姿になる（図表3-10）。

ここで四角形ABCDと三角形EBCの面積は、等しくなければならないから、今期終了時点（期末）の高さレベル（辺EC）は、10％の倍の20％の高さレベルになっていなければならない。こういう三角形を描けなければ期トータルで前期比10％の売上は達成できない。つまり、期末時点では前期比20％アップの高さレベルに相当する販売実績を上げるということは、相当のハイレベルの営業活動を期中に行わなければならないことになる。

したがって10％増の計画は、20％増販に匹敵する営業戦略・戦術および営業戦力を準備してかからなければならないということである。これが多くの会社が「たかが10％」の増販がなかなか達成できない理由である。

では、どういう準備が必要だろうか。

①**営業戦略・戦術**……この本書の冒頭で述べた既存の深掘り、新商品拡販、新規市場開拓に関する6つのメソッドを期初の計画段階で総動員して計画する。

②**営業戦力**……第4章で述べる「ランチェスターの法則」を応用して、期中を通じて必要な戦力強化を図っておく。この場合、期末に1.2倍の売上実

績を上げるためには、ランチェスターの法則によって、1.44倍（1.2の2乗）の戦力強化が必要となる。戦力強化を営業マンの増員で行わない場合は、たとえば、営業マンの訪問件数を1.44倍に強化するなどの対策を必要とする。戦力強化についての詳細は、第4章を参照していただきたい。

　この例でおわかりのように、期トータルで、あるパーセントの増販を企図する場合は、期末レベルでその2倍の実績が上げられるような、戦略・戦術および戦力面での準備が必要となる。そしてねらいの高さレベルの売上（期トータルのパーセント）が、期の中間点（6カ月後）を通過する時点（図中の三角形EBCと四角形ABCDの交点のF）で達成できているようにしなければならない。

　以上は、前期から引き継ぐ水槽の水量が目減りしないという仮定での話である。しかし、現実には目減りは避けられないため、今期の水槽の水面は前期の水槽の水面よりも低い状態でスタートすることになり、前期比10％は、実際は10％よりかなり高いレベルとなる。

　目減りの加減は業種によってかなり異なるので、自社の属する業種の特性を織り込んで、今期の増販計画を策定しなければならない。

◆ケース①を終えてケース②、③に入る前のまとめ

　以上で、「ケース① 既存の深掘り」での売上計画作成は終了である。次節以降は、今まで述べてきたⅠの象限（既存の深掘り）とは違い、その両隣の象限（ⅡおよびⅢ）を対象とした「拡販」売上計画の作成がメインとなる。すなわち、「ケース② 新商品拡販」と「ケース③ 新規市場開拓」である。

　では、②か③のどのケースを第1優先とすべきかであるが、これは考えるまでもなく、まず②のケース、その次に③のケースの順番が妥当であろう。なぜなら、②のケースは、③と違って既知の市場・顧客であるので、すでに取引口座も人脈もあり、攻略の容易性は③のケースよりはるかに容易だからである。したがって、次節以降述べるメソッドは、まず②のケース、次いで③のケースの順番に従って論じていく（図表3-11）。

図表3-11 ▶ 拡販の順序

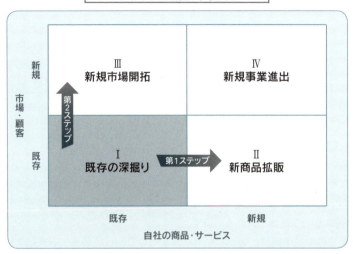

2 ケース② 新商品の拡販

【メソッド7】

▶ パレート図＋星取り表で「ループ営業力」を完璧にする。

さて、これからは右下の象限（Ⅱ）を使っての、拡販計画づくりに入る。ここでの拡販は、すでに開拓済みの、現在の自社が相手にしている市場・顧客に対して、自社の別の商品ラインナップを拡販していく場合に役立つメソッドである。したがって、自社が複数の商品ラインナップ

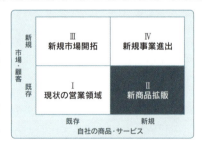

を持たず、ただ１種類の商品だけを売っている場合には、このメソッドは不要となる。

　自社のすべての商品ラインナップを、すべての顧客が買ってくれていれば、このようなケースでの作戦は不要だが、顧客の購入状況は、ある機器は当社製を採用しているが、他の機器は競合メーカーのものを使っているというように、「まだら模様」である。

　このまだら模様、すなわち「バラツキ」が拡販の切り口になる。バラツキは大歓迎である。優れたコンサルタントは、生産系にせよ、営業系にせよ、バラツキを探す。それは、バラツキの中に解があるからだ。

　ここでは、そのバラツキ状況を「見える化」して作戦を立てる。図表3-12が拡販の切り口を見つけるための作戦シートである。これは顧客パレート図に、私が「星取り表」と名づけるマトリクス表を抱き合わせたものだ。

　ここでの星取り表の役割は、１人の顧客にどれだけ複数の商品を売り込んでいるかを表示（見える化）させることにある。全部の商品を販売できた場合は、連鎖状（ループ状）になる。こういう状態をめざす営業を私は「ループ営業」と名づけている。

　このメソッドを拡販計画づくりに使う場合は、ループを形成していない顧客を調べ、そこに営業の重点を置くことによって、拡販のドライブをかけるようにすればよい。重点化はパレート図上の上位の顧客から順に重点化することはいうまでもない。

　このメソッドはある意味、既存顧客に対する「深掘り」であるが、顧客側から見れば、既存商品とは異なる新規商品になるので、第２象限のメソッドに分類した。

　なお、既存商品とは異なる全くの新規商品を市場投入する場合には、星取り表にその商品欄を追加して、顧客別の既存商品の採用状況を見ながら、どの顧客をその新規商品の重点顧客とするか、拡販計画を練っていけばよい。

図表 3-12 ▶ パレート図＋星取り表

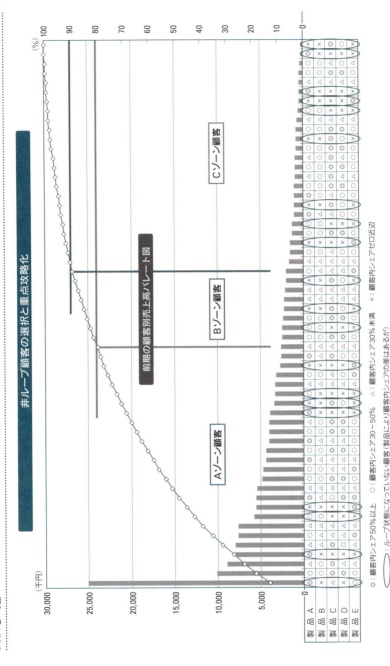

【作業手順】

パレート図

- 前期の顧客別の売上高についてパレート図を作成する。

星取り表

①縦軸に自社の商品を並べたマトリクス表をエクセルで作成する。
②パレート図に表示されている顧客の順に各製品ごとの採用状況を記号で記入する。

　　◎：当該商品の顧客内シェアが50％以上
　　○：30～50％
　　△：30％未満
　　×：0％

③各商品の採用状況（顧客内シェア）が△以上の顧客にマークをつける。この顧客が「ループ顧客」である。
④したがって、拡販計画を作成する場合は、「非ループ顧客」を対象にする。もちろん、「ループ顧客」であっても、製品により顧客内シェアが低い商品は拡販対象になる。

粗利問題をパレート図で考える

Coffee Break

　世の中の大半の企業は、営業部門の目標値は「売上高」である。これは、売上が上がれば利益は上がると考えているからである。しかし、売上は確かに伸びたが、利益が思ったほど伸びない、比例しないという現象が発生し、経営者の頭を悩ませている事例が多い。

図表3-13 ▶ 売上高/粗利2面パレート図

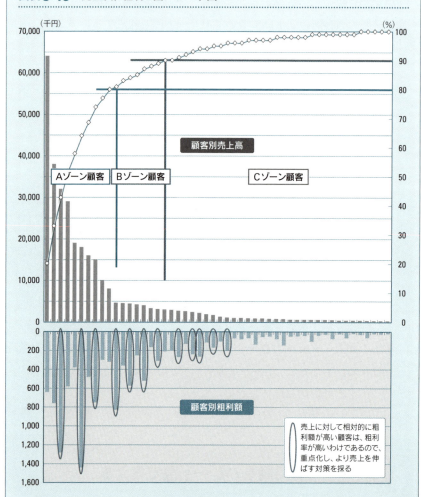

　何が悪さをしているのか、それを明らかにするために、売上と粗利の「2面パレート図」で検証してみよう（図表3-13）。

　上のグラフはおなじみの顧客別売上高パレート図。それに対応する顧客別粗利を計算して下向きのグラフにし、2つのグラフを合わせて2面図にしてみよう。すると、売上の高い顧客が、必ずしも粗利が高いわけではないことが判明

> する。また、売上が低い顧客でも、粗利は高い場合も見られる。
> 　売上が第一義となっている会社は、営業マンの評価も部門の評価も売上高であるから、営業マンは売上欲しさに、ついつい、売上の大きい顧客の無理難題の値下げ要求に応えてしまう。部門長も売上が上がっていればおとがめなしなので、顧客別に売上と粗利を対比させるようなことはまずしない。こうした習慣が長年積み重なって、売上のわりには利益率の低い会社が多数生まれることになる。
> 　グラフを作る手間は、わずか数時間だ。それで自社の売上と粗利の乖離がわかるのに、どういうわけか、多くの企業がなかなかこういう作業をしようとしない。

◆ ケース①②のまとめ

　今まで見てきたケースの①も②も、自社の既知の領域、すなわち既存の市場・顧客をベースにした計画づくりであった。

　この既知の領域を【メソッド4】〜【メソッド7】の4つのメソッドを使って、計画づくりを行う方法を解説してきた。これらの方法によって、既存の領域が増販できる余地が十二分にあることが、おわかりいただけたと思う。まだまだ既存の井戸は涸れていないのである。

　私が多くの企業で、既存市場からの売上が目一杯になってくると、このような既存市場の再開発、再活性化をやらずに、すぐ「新規、新規」と新規頼みに行ってしまう動きに、コンサルタントとして「待った！」をかける理由がおわかりいただけたと思う。

　さて、次のケース③は、いよいよ未知の領域、すなわち自社の商品・サービスは既存のものだが、それを持って行く先の市場が、全くわかっていないケースでの拡販計画を、どのように作るかという問題である。ただやみくもに市場を適当に選んで攻略しても、成果はほとんど得られない。自社の商品・サービスがヒットする有望市場を抽出できるかどうかが、ケース③成功のカギになる。

その意味で、このケース③の計画づくりは、ケース①、②とは異なる高度な戦略性を要求されるものとなる。

なお、ここで触れておかなければならないことは、通常の企業の営業活動はケース①、②を主体に行われるが、ケース③の新規市場開拓も、同時並行的に行われている点だ。

ただし、上記で述べたように、ケース①②とケース③では計画づくりの戦略性が違うので、ケース③の計画づくりはケース①②の深掘り業務に忙殺されている営業マンに作らせるのではなく、相当な戦略企画能力を持った社員や部署を参画・動員して行うことが望まれる。

3 ケース③　新規市場の開拓

【メソッド8】

▶「商品・市場マトリクス」を作成し、有望市場セグメントを抽出する。そして、その市場に属する新規業種を選定して開拓する。

いよいよ最後のケース、新規開拓によって顧客を見つけて拡販していくケースである。このケースは再三申し上げてきたように、安直なやり方で取り組んでは成功はおぼつかない。十分な「前段取り作業」が必要

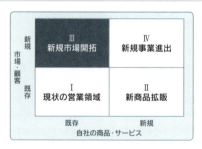

である。この前段取り作業を含めて、全体の流れを説明していこう。計画作成作業の流れは、以下の2つの作業に分けて考える。

- 上流工程（STEP A）……有望市場（業種）の抽出

- 下流工程（STEP B）……有望市場（業種）内の個別企業の抽出

　一連の流れは複雑であるので、イメージをつかんでいただくために、具体的な事例を取り上げて説明したほうがわかりやすいだろう。

　取り上げる事例としては、第2章の【メソッド3】で紹介した、ある汎用装置メーカーの神奈川支店の事例がピッタリなので、その企業の抱えている問題を解決するというストーリーで記述を進める。

　第2章で述べたように、その企業の神奈川支店の抱える問題とは次のようなものであった。

- 売上が長期ジリ貧スパイラルに陥っている。
- その原因は、自社の顧客構造が古すぎて、世の中の成長パラダイムと大きくかけ離れてしまっていたにもかかわらず、それに気づかずに今日まで来てしまったこと。
- 具体的には、自社の業種別売上構造が、化学や窯業といった低成長業種主体であり、神奈川県の成長業種である自動車や電機の割合が極端に低いことであった（自社の業種別売上構造を神奈川県工業出荷額と比較して、それが判明した）。前章の図表2-14を参照してほしい。

　以下では、そうした問題提起を受けて、その解決ストーリーを展開するという形で論を進めていく。

【顧客構造是正のための「新規開拓計画」策定の全プロセス】
　上流／下流の作業の各プロセスを説明する前に、全体の策定プロセスの流れを概観しておくことは、理解の助けになる。各論に入る前に、その作業フローを図表3-14に掲載しておく。

図表3-14 ▶ 顧客業種構造是正のための「新規開拓計画」策定のプロセス

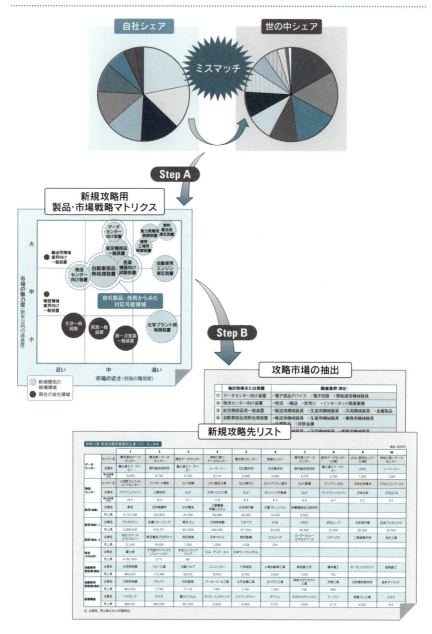

3-1 上流工程(STEP A)の作業

　上流工程での作業の目的は、現在の自社の市場構造が今後の成長を保証してくれるようなものになっているのか、つまり、成長業種をきちんと捉えているのかどうかを見分けることである。この作業の出来次第では、この後の下流工程の中身（新規攻略業種と具体的企業の選定）が変わってくるので、しっかりとした検討作業が必要になってくる。

◆ 前段取り作業A-1──自社の現在の市場における位置づけ

　ここでは、ボストン コンサルティング グループ（BCG）が開発した定番ツールであるPPM（プロダクト・ポートフォリオ・マネジメント）マトリクス表を使って、自社の市場におけるポジショニングを行う。

① PPMマトリクス表の縦軸に自社にとっての市場の魅力度を取る。魅力度の判断が難しかったら、政府や県の統計で必ず出てくる業種別の成長度データでもよい。
② 横軸は自社の市場における強さ（市場シェア）にする。
③ 9つのマスができるので、その中にタテ・ヨコの関係から該当する自社の事業（この場合は、神奈川支店の業種別売上高）をプロットする。各事業の売上規模がわかるように円の大きさを変える。

　前段取り作業A-1は、これで完成である（図表3-15）。これが自社の現状の「事業ポートフォリオ」を表してくれる。
　これで見ると、自社の事業は市場の成長の低いエリアに偏っていて、市場の成長の中以上のエリアが、大きく空白状態になっていることがわかる（点線の円で囲った部分）。
　ちなみに、今回は神奈川支店の売上規模でプロットしてあるが、全国ベースでものを考えたかったら、全国の支店合計ベースのマトリクス表

図表3-15 ▶ 自社の現状の市場ポジショニング

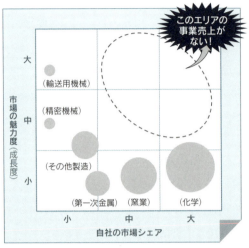

注：円の大きさは自社製品の売上規模を示す。

を作って検討すればよい。

◆ 前段取り作業 A-2 ── 想定有望市場と自社技術のマッピング

続いてA-2に移る。ここでの前段取り作業では、自社の技術を市場との関係で見たマトリクス表を作り、その中で技術のマッピングを行う。先ほどのBCGのPPMマトリクス表を少し変形したものを使う。

① 縦軸に市場の魅力度を取る。ここでは、先端技術の動向も考えて数年先の成長まで読んで魅力度を算定する。
② 横軸は、自社の技術レベルから見た難易度を軸にする。自社の技術レベルを真ん中ぐらいに置いたときの遠近感で市場の近さ・遠さを測定する。
③ 9つのマスの中に、まず自社の技術をプロットする。識別の便利の

図表3-16 ▶ 市場の成長と自社商品・技術のマッピング

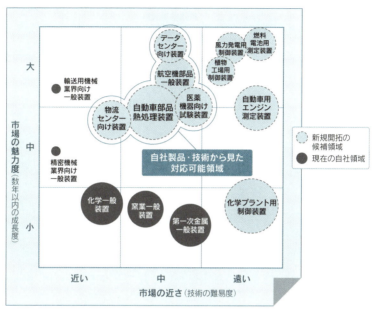

注：円の大きさは数年後における想定市場規模を示す。

ために実線の円で描き、円内を濃く塗りつぶしておく。次に、自社がまだタッチしていない商品領域をローテクからハイテク領域まで幅広くプロットする。この事例の自社は一般装置メーカーなので、半導体製造装置のような自社の技術領域からあまりにも遠いものは除外する。現在の自社商品がまだタッチしていない領域は、識別のため、点線の円にするなどの工夫をして、マトリクス表を完成させる（図表3-16）。この有望市場と自社商品技術をマトリクス表でマッピングし、今後の商品・技術開発にあてるやり方は、一種の「商品・市場戦略（PMS: Product-Market Strategy）」である。全社内でそのような検討を行う場合は、対象エリアを全国に広げて行う。

④9つのマスの中にちりばめられた商品・技術領域と自社の技術到達

図表3-17 ▶ 新規拡販対象として抽出した分野（装置）

新規拡販分野
① データセンター向け装置
② 物流センター向け装置
③ 航空機部品業界用一般装置
④ 自動車部品業界用熱処理装置
⑤ 医療機器向け試験装置

可能性を比べて、自社としてアプローチすべき領域を抽出する（線で囲む）。

◆ 前段取り作業 A-3 ── 新規拡販分野（装置）を抽出する

　A-2のマトリクス作成作業によって、図表3-17のような5つの新規の有望製品（装置）市場を抽出した。これで上流工程（STEP A）の作業は終了である。

3-2　下流工程（STEP B）の作業

◆ 前段取り作業 B-1 ── 抽出製品の拡販対象業界を想定する

　ここでの作業は、工程A-3で抽出した新規拡販対象商品の売り込み先企業を特定するために、対象業界を想定する作業である。
　なぜこのような回りくどいやり方を取らなければばならないのか？　なぜ直接、この後のB-2で行う企業リストが作れないのか？　それは、世の中に出回っている企業リストの分類が、ほぼ政府統計の「日本標準産業分類」の分類コードに準拠して作られているからである。
　したがって、まずこの分類コードによった当該製品を使用すると見られる業界名を想定・抽出し、それからねらいとする企業リスト（ここではB-2で作成するリスト）を探索していかなければならない。

図表3-18 ▶ 抽出分野(装置)と想定関連業界

	抽出技術または装置	関連業界(想定)
①	データセンター向け装置	・電子部品デバイス ・電子回路 ・情報通信機械器具
②	物流センター向け装置	・物流 ・輸送 ・卸売り ・インターネット関連業種
③	航空機部品用一般装置	・輸送用機械器具 ・生産用機械器具 ・汎用機械器具 ・金属製品
④	自動車部品用熱処理装置	・輸送用機械器具 ・生産用機械器具 ・業務用機械器具 ・金属製品 ・非鉄金属
⑤	医療機器向け試験装置	・生産用機械器具 ・汎用機械器具 ・業務用機械器具

注：業種名は一部を除き、経済産業省の分類によった。

　図表3-18が拡販対象製品を使用すると見られる想定業界リストである。関連業界を想定する場合は、広く網を掛けて候補企業が多く選択できるようにする。

◆最終作業B-2──自社の装置の売り込み先として最適な企業を選定する

　ここで作る企業リストこそ、新規開拓に使える実践的なリストである。このB-2の作業で、目的はほぼ達成できたことになる。上流工程（STEP A）の3つの前段取り作業と下流工程の1つの前段取り作業の4つの作業を経て、ようやく目的のリストが完成した（図表3-19）。

　ここで掲げた企業リストは、私の事務所の若手コンサルタントが2週間、図書館での各種文献資料を渉猟する作業を行って作成したものである。

図表3-19 ▶ 新規攻略用企業リスト

神奈川県 新規攻略用業種別企業リスト(売上高順)

		1	2	3	4	5
データセンター	センター名	横浜港北データセンター	横浜第一データセンター	横浜データセンター	神奈川第二データセンター	横浜第3センター
	企業名	富士通エフ・アイ・ピー	野村総合研究所	富士通エフ・アイ・ピー	シーイーシー	日立製作所
	敷地面積(平米)	10,500	8,720	6,200	6,114	5,805
物流センター	センター名	小田原フルフィルメントセンター	ロジポート橋本	GLP座間	DPL横浜大黒	GLP厚木II
	企業名	アマゾンジャパン	三菱地所	GLP	大和ハウス工業	GLP
	敷地面積(平米)	20.0	16.0	13.1	11.8	8.9
航空(装置)	企業名	東芝	日本製鋼所	古河電池	三菱電機特機システム	日本飛行機
	売上高	5,722,248	220,600	44,380	28,488	26,900
航空(部品)-1	企業名	ブリヂストン	住重フォージング	横浜ゴム	大同特殊鋼	ミネベア
	売上高	3,568,000	615,271	601,629	440,000	371,543
航空(部品)-2	企業名	NECスペーステクノロジー	東芝電波プロダクツ	相互発條	日本マルコ	菅沢製機
	売上高	22,300	19,000	1,300	1,035	1,026
航空(それ以外)	企業名	富士通	千代田アドバンスドソリューション	中央エンジニアリング	エム・アンド・エス	日本ワークシステム
	売上高	4,762,400	2,711	88		
自動車用熱処理(鍛造)	企業名	大同特殊鋼	トビー工業	日鍛バルブ	シンニッタン	三和部品
	売上高	483,633	113,399	38,972	18,910	9,700
自動車用熱処理(鋳造)	企業名	大同特殊鋼	アルファ	日本鋳造	パーカーS・N工業	太平金属工業
	売上高	483,633	17,790	11,110	7,491	2,740
医療機器	企業名	パイオニア	テルモ	富士フイルム	クリエートメディック	エイアンドティー
	売上高	498,051	489,500	361,003	9,939	9,569

注:企業名、売上高は2014年度時点。

(単位：百万円)

6	7	8	9	10
湘南センター	横浜第二データセンター	東京データセンター（川崎）	JSOL 東京センター（川崎）	神奈川第一データセンター
日立製作所	野村総合研究所	富士通エフ・アイ・ビー	JSOL	シーイーシー
4,500	3,279	2,700	1,500	1,254
SGリアリティ横浜	GLP綾瀬	グッドマン永江	日本生命厚木	プロロジスパークⅡ
オリックス不動産	GLP	グッドマンジャパン	日本生命	プロロジス
8.3	6.8	6.7	5.2	5.0
三菱プレシジョン	放電精密加工研究所			
18,400	8,825			
KYB	YSEC	日本ムーグ	日本飛行機	日本アビオニクス
30,500	30,500	27,400	26,900	25,754
エルメック	エーアールシーエアロスペース	コアックス	二階堂製作所	吉光工業
300				
川崎自動車工業	原田鍛工所	榎本機工	オーゼックステクノ	図南鍛工
3,600	1,200	700		
ホクダイ工業	神奈川ダイカスト工業	丹南工業	日研機材製作所	協栄ダイカスト
1,453	738	689		
ダイリン	カネカメディックス	トーイツ	相模ゴム工業	スカラ
8,151	7,900	4,112	4,024	474

新規市場開拓と事業ポートフォリオ

　新規に市場開拓を検討する場合に、Before/Afterの事業（業種）ポートフォリオを作成して取りかかると、事業基盤の安定度がわかるのでお勧めしたい。

　この会社の場合、新規市場開拓前の事業（業種）ポートフォリオが下に掲げた図表3-20の左側であった。これに対して、右側は、新規市場開拓を企図して開拓市場を選定し、3年後を想定した事業（業種）ポートフォリオである。現状の事業ポートフォリオよりも、はるかに事業基盤が固まったものとなっていることが、おわかりいただけるだろう。

　またこの図は、3年後をめざした中期計画としての「ロードマップ」にもなりうる。新規市場開拓は、このような事業基盤強化や中期計画といった、中長期的視点と絡めて作成すると、より戦略的なものになる。

図表3-20 ▶ 新規市場開拓のBefore/After

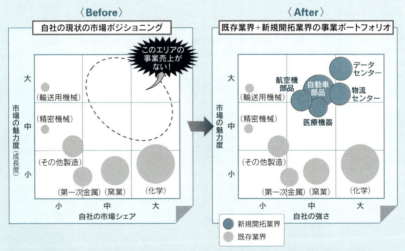

出所：新規開拓業界の円の大きさは3年後の想定売上規模、既存業界の円の大きさは現在の売上規模を表す。

◆ **計画作成メソッドの総まとめ（【メソッド2】〜【メソッド8】）**

　第2章の分析編、および本章の計画編で8つのメソッドを使って、複雑な事象の見える化と計画作業の効率化を行ってきた。

　ここでその全体像の整理をしてみたい。アンゾフの「成長マトリクス」に即してまとめるとわかりやすいので、各メソッドをマトリクスの3つの象限に当てはめてある。

　図表3-21は、既存の市場・顧客をベースとして、1つは深掘りを行う場合（ケース①）、もう1つは新商品で拡販を行う場合（ケース②）に役立てられるメソッドを表示してある。2つのケースとも、これらのメソッド類が共通して使えるので、ケースごとの区分けは行っていない。

　図表3-22は、新規の市場・顧客に対する攻略作戦を策定する場合（ケース③）の作業ステップとメソッドをまとめて表示した。

図表3-21 ▶ 自社が現時点で対応している既存市場に、自社の既存または新規の商品・

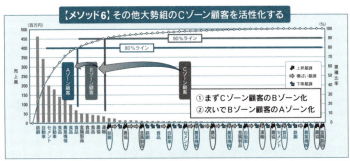

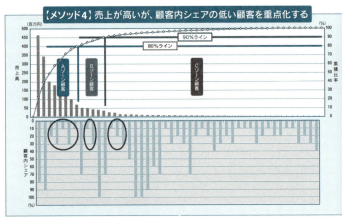

サービスで拡販を行う場合のメソッド（アンゾフのⅠ・Ⅱの場合）

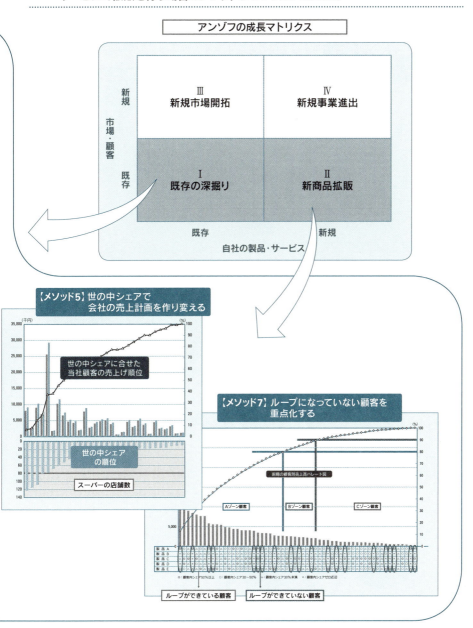

図表3-22 ▶ 自社が現時点で対応していない新規市場に、自社の既存または新規の

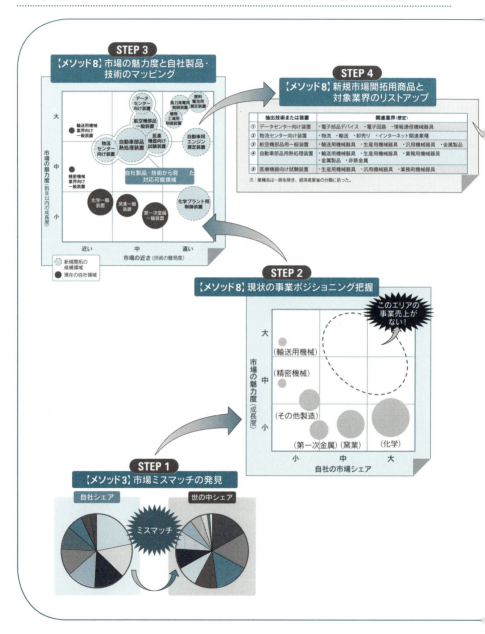

商品・サービスで拡販を行う場合のメソッド（アンゾフのⅢの場合）

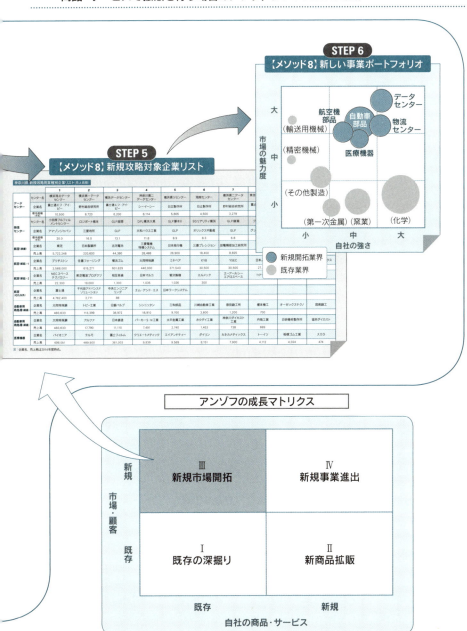

第4章

営業強化 実行のメソッド

1 訪問管理の重要性

1-1　売上を上げたかったら、訪問件数を上げればよい

◆営業活動方程式の考え方

　日産自動車から日本電産に転職し、8カ月経ったある日のこと、私は永守社長に呼ばれた。当時私は、永守社長直属のM&A担当役員をしていた。永守社長からは、買収したばかりの日本電産芝浦に直ちに赴き、再建のための陣頭指揮官として常駐し、再建作業に取りかかるように命じられた。

　当時（1998年）、東芝の有力子会社の1つであった芝浦製作所のモーター部門は年間売上140億円前後、毎月の利益は売上比マイナス10〜20％を記録していた。

　私に課せられた再建目標は「1年以内の期間損益の黒字化」だった。

　社長室に赴いた私は永守社長からA3サイズの紙1枚に書かれた「再建の指針」を渡された。そこには、企業力強化の重要項目である「営業強化」「徹底したコストダウン」「意識改革」「体質改善」などに関して十数項目の目標・指針がしたためられてあったが、コストダウンと並ん

図表4-1 ▶ 営業活動方程式

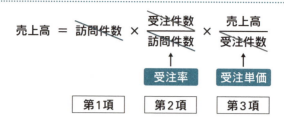

で再建の最重要項目の1つである「営業強化」の欄には、目標は「1年以内の売上倍増」であり、そのための方策として書かれてあったのは、たった1行「営業マン1人当たり訪問件数月100件を達成すること」であった。

大企業の左脳思考に毒されていた私はわが目を疑った。「訪問件数」を追求すれば売上は上がるのか？ 売上増というものは、何かもっと、商品戦略とかマーケティング戦略とかいう、戦略のにおいのするようなものを駆使しないと達成できないものではないのか？ 訪問件数というあまり戦略のにおいのしないもので本当に達成できるのか？ それが私の左脳肥大症から出た考えであった。

しかし、永守社長直々のオーダーである。営業部員全員に「月100件」を実行してもらったのだ。すると、驚いたことに半年後、売上が上がっていくではないか！

たった1行、訪問件数100件。それだけを遮二無二やれ！ それだけでいい！ 私はこのとき、改めて経営の神髄とは何か、経営は格好じゃない、「地べた」をしっかりと押さえることだ。それを見通しているカリスマ経営者のカリスマたるゆえんに初めて触れた思いをした。

さて、コンサルタントとしては、自分の経験を伝えるだけではコンサルタントではない。なぜ訪問件数を上げると売上が上がるのか、それを科学的に説明しなければならない。それがここに述べる「営業活動方程式（営活方程式）」である（図表4-1）。

この方程式の右辺は3つの項から成っている。右辺は掛け算であるから、分母・分子が消去されて最終的には売上高＝売上高となるが、プロセスを見るためにこのように分解した式となっている。
　右辺の第2項、第3項はそれぞれ受注率、受注単価に相当するため、この方程式は次のように書き換えることができる。

$$売上高 = 訪問件数 \times 受注率 \times 受注単価$$

　今、左辺の売上高を上げたいわけである。そのためには、右辺の3つの項を全部上げればよい。

$$売上高\uparrow = 訪問件数\uparrow \times 受注率\uparrow \times 受注単価\uparrow$$

　さて、ここで第3項の受注単価である。自社の製品が抜群の商品力を持っている場合を除いて、売り手市場ではない現代では受注単価を上げることはそう簡単ではない。したがって、これに精力を割くよりは、他の2項を徹底して攻めたほうが効率的である。
　つまり、「訪問件数」と「受注率」に注力した営業活動をする。これで、訪問件数を上げれば、売上が上がることが、おわかりいただけたであろう。
　受注率のほうは現状より下がっては困るが、現状維持である限り訪問件数を上げれば売上高は上がる。訪問件数と受注率をダブルで上げれば、なおいっそう売上高は上昇する。

◆訪問計画は営業マンに作らせるな！
　訪問件数の重要性は上記の方程式でご理解いただけたと思う。しかし、営業マンの訪問件数は上がったけれど、売上がほとんど伸びないという会社がある。調べてみたら、営業マンが同じ会社に毎日行ってい

た、という笑えない話であった。私のクライアント企業に実際にあったケースだ。件数だけ管理し、肝心の中身の「訪問計画」を管理しなかったから、そうなってしまったのである。

しかしながら、実は多くの会社が、このような訪問計画を管理しないどころか、訪問計画そのものを、営業マンに作らせるという誤りをおかしている。営業マンも人の子だから、行きやすい企業、自分をウェルカムしてくれる部署を重点に、計画を組んでしまう。その結果、件数は増えても、成果に結びつかない訪問が多くを占めることになる。

繰り返すまでもないが、営業マン個々人の訪問の質と量が、会社の営業成績の死命を制する。その原点の訪問計画の作成には、結果責任を負う営業役員や営業部課長が、しっかりと介入しなければならない。

営業活動のPDCAのPの部分は、「売上計画」作成に始まって、訪問計画作成に終わる。Pの頭の売上計画は営業トップが介入するが、お尻の訪問計画がお任せでは、最後のところで、営業マンに腰砕けにされてしまって、これでは竜頭蛇尾もいいところであろう。

顧客というのは、代々の営業部門が稼いできた結果としての会社の「資産」であり、その資産を増やすか減らすかは、訪問計画で決まる。営業マンが行くべきところに行っていなければ、やがて顧客は離れていくのである。

◆ **新規の潜在顧客リスト作成は、上司の仕事である**

図表4-2を見ていただこう。ある大手搬送機器メーカーの大阪支店の金属加工業界担当営業マンの例である。

これは、同社の営業マン自身に作ってもらった客先別売上高のパレート図である。客先数は15～16社だ。しかしこの数年、この営業マンの売上高はずっと下がりっぱなしになっている。

売上が下がりっぱなしだから、上司は、この営業マンの仕事への取組み姿勢に疑いの目を向けている。真面目に訪問していないのではない

図表4-2 ▶ ある営業マンの客先別売上高のパレート図

か？　あるいは、顧客のポイントをつかんだ営業を行っていないのではないか？　と。

　一方で疑いの目を向けられた営業マンは、内心煮えくり返る思いである。自分は先輩から受け継いだ顧客を誠心誠意、先輩以上に何度も通い、いろいろな提案もしてきているという自負がある。しかし、結果が出てくれない。上司は口を開けば「新規、新規！」と言うが、いったいどこに行けばよいのか？　そんな指示すらない。こうして両者の間柄は年々険悪になるばかりだ。

　そこで、コンサルタントとしての私が、この会社の上司になり代わって、営業マンに示したのが、図表4-3である。

　これは先ほどの営業マンが作成したパレート図の下の部分に、この営業マンの担当業種である大阪地区の金属加工メーカーを私が調べて、その各社の売上高を下向きの棒グラフで表した2面パレート図である。

　上のパレート図の売上高と下のメーカー各社の売上高は高さレベルが異なるので、下向きの棒グラフは途中でカットしてある。

　これを見せられた件の営業マンは、たちどころに理解した。「マーケットはこんなに広い！　自分がこれしかないと思っていた顧客の10倍以上も顧客はいる。自分はいかに小さな領域で仕事をしていたか！」ということを。

図表4-3 ▶ 大阪支店管内の金属加工業界企業（売上高表示）のグラフ

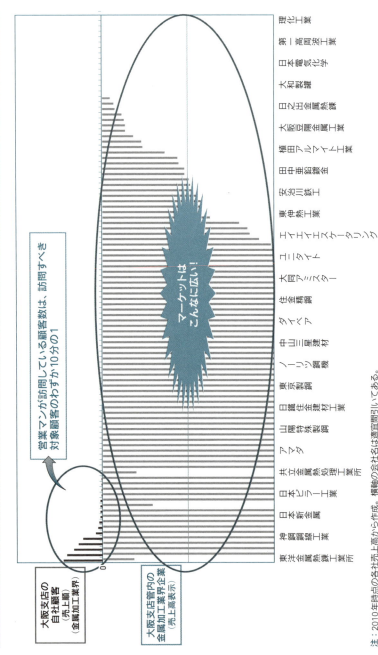

注：2010年時点の各社売上高から作成。横軸の会社名は適宜間引いてある。

このような両者のミスマッチは、今日の営業の世界のあちこちで起こっている現象だ。上司の役割は適切な作戦指示を部下に授けることである。立場を利用して部下の問題点をあげつらうことではない。
　たとえば、軍隊ではどうであろうか。上官が部下の兵士に向って、ただ「戦え！　戦え！」といっているであろうか？　どんな軍隊でも上官の役目は、作戦を授けてどういう戦いをすればよいかを示すことと決まっている。それをしないで前線の営業マンの結果だけを責めても、問題の本質的な解決は得られない。

1-2　営業マン1人当たりの数字に落とし込む

◆訪問件数は月何件まで可能か？

　結論から言うと、1人当たり月100件まで可能であろう。
　明確な根拠というものはないが、私自身が日本電産のグループ会社で実際に営業部隊を指導して得た経験から、この目標値は妥当なところだろうと考えている。
　もちろん、単に飛込み訪問で名刺を配るだけなら500〜600件は可能だろう。しかし、顧客との通常の営業ルーティンをこなし、ときにはクレーム対応で1社の顧客に何日も時間を取られる場合もあることを考えると、平均で1日5件、月100件が限界であろう。
　訪問件数強化は、営業戦力強化の最もシンプルな形である。しかし、「訪問件数アップ＝営業戦力アップ」だということがわかっておられる経営者やマネジャーがどれだけいるだろうか？
　私が何を言いたいかというと、自社の営業戦力を強化したかったら、まず自社の営業マンの訪問件数を引き上げることを考えよ、ということだ。ゆめゆめ安直に営業マンの数を増やそうとするなかれ、である。
　今、自社の営業マンの訪問件数が月20件だとしたら、これをまず100件にすることに最大の努力を傾けよ、である。これによって自社の

営業戦力を5倍にすることができる。

　自社に営業マンが20人いたら、これを100人にすると同じ営業戦力を得られるのだ。訪問件数を5倍にする、つまり人件費アップがゼロの場合と、5倍の人件費を払うのと、どちらが得であろうか？

◆ **持ち顧客数を管理する**
　自動車会社の販売の優劣は何で決まるか？　もちろん、商品力やサービス力あるいは営業マンの対応力や店舗のロケーションなどで決まる部分もあるだろう。しかし、最も大きな決め手は、その自動車会社の車の保有台数である。保有台数とは、過去にその自動車会社が売った台数の累計から、廃車台数を引いた、現在使われている実稼働台数である。最も保有台数が大きい会社はトヨタであり、日産、ホンダ……と続く。

　今日の自動車販売市場では、代替需要が大部分であり、この代替需要は、各自動車会社の保有母体から毎年ある一定比率で新車需要として出現していくのである。だから、保有母体が小さい自動車会社は、どうしても毎年の新車販売台数で不利になる。その不利な分を補おうとして、できるだけ魅力的な車を市場に投入し、少しでも他社保有を食おうとするわけである。

　これと同じようなことが、一般の製品営業でも当てはまる。ある分野の製品で、その市場の主力メーカーほど有利なのは、過去の保有母体を下位メーカーよりもたくさん持っているために、これが効いているからだ。したがって、後発メーカーほど、その市場に属する顧客をたくさん持つ努力を続けて、これを毎年継続していって、自社製品の保有を広げておかなければならない。

　私はこれを営業マン1人当たりの「持ち顧客数」という言葉で表現しているが、営業マネジャーが営業マンと訪問計画を立てる場合には、この持ち顧客数を意識して、毎年この数が増えているかどうか、その増加スピードが鈍っていないかどうか、を注意してみなければならない。

持ち顧客数の適性度は業界によってさまざまであるので、一概に決められないが、大まかな基準としては現状の顧客数に対して、3〜4年以内に倍増することを1つの目安として考えるとよいだろう。

◆Aゾーン顧客比率を管理する

第2章の【メソッド1】で、パレート図による顧客構造の分析を紹介した。その際、組織のAゾーン顧客比率は20％あることが望ましいことに触れた。

このことは営業マン個々人のケースでも当てはまる。営業マン個々人のAゾーン顧客比率が低かったり、その顧客が歯抜けになると、営業マン個々人の売上の回復に長時間を要するからである。そういった基本となる比率の管理をしないで、営業マンの売上高ばかり管理していると、いつしかフタを開けてみたら、売上が1、2社に偏重しているという、第2章で紹介した図表2-9のような事態になってしまう。

こういう事態を避けるには、上司と営業マンで訪問計画を作成する際に、パレート図を横に置いて、その顧客構造が適性になるような訪問計画を立てさせなければならない。

◆新規顧客比率を管理する

先ほど営業マン1人当たりの「持ち顧客数」という「量的側面」の重要性を指摘したが、ここでは、「質的側面」である「新規顧客比率」をテーマに取り上げる。持ち顧客数というのは、別の言い方をすれば、営業マンが持つ「顧客資産量（ストック量）」だ。資産がある一定の大きさ以上でないと、そこから出現する新規需要が先細ってしまうので、資産管理の量的管理は重要な項目である。

一方、顧客資産は、常に新規の流入がなされ、新陳代謝ができていないと、顧客資産の中に成長業種を取り入れることができなくなり、顧客資産の劣化につながってしまう。したがって、顧客資産の質的管理も重

要な項目となる。これは、営業マン1人当たりの「新規顧客比率」を管理することによって可能となる。新規顧客は、第3章の【メソッド8】で述べたような方法で抽出し、営業マネジャーが営業マンに示さなければならないことは前述したとおりである。

そしてよく間違われるのは、この新規顧客比率というのは、売上の中の新規比率であることだ。売上として実現した比率であり、訪問段階における新規訪問比率ではないことである。日本電産では、この新規売上比率の目標値が30％である。売上ベースの目標であるから、非常に高い数値であることがおわかりいただけるだろう。

では、こういった高い目標値をどう実現していくか？ それは、【メソッド8】で抽出した訪問先企業をきちんと訪問できているかどうかを、毎月、毎週、「新規訪問件数比率」を設定して管理することである。売上ベースでの新規比率を30％とする場合には、訪問段階での新規訪問件数比率は30％以上ないとダメなことになる。

「管理、管理」と営業の世界は暑苦しいが、営業が会社の死命を制する機関車である以上、「管理」の暑苦しさは我慢してもらわなければならないことである。

営業活動における
ストックとフローの関係

今まで「顧客資産」という表現をたびたび使ってきた。営業マンが持っている顧客は、代々、営業マンから営業マンに引き継がれるものであるから、まさに会社の「資産（ストック）」である。一方、営業マンは、顧客という「ストック」に対してアプローチし、「訪問→引合い→受注」のサイクルによって売上を計上していく。この一連のサイクルは「フロー」である。この営業活動における2つの側面、ストックとフローの関係を「湖」と「滝」にたとえて説明を

図表 4-4 ▶ 営業の「ストックとフロー」を「湖と滝」にたとえる

試みよう。
　ここでは、「顧客ストック＝湖」「営業フロー＝滝」の関係である。

▶まず顧客ストックとしての「湖」から

①湖の水量管理

　湖はいつも満々と水を湛えていなければならない。湖が枯れると滝が流れなくなる。すなわち、まず湖の「水量管理」をやらなければならない。
　これを営業活動に置き換えると、顧客資産（ストック）の水量管理、つまり、営業マン個々人の「持ち顧客数の管理」をしっかりやらなければならない、ということと同義である。顧客ストックというものは、既存顧客の中から海外シフトが起こったり、他社鞍替えが起こったりして、目減りするので、常に一定数量の顧客数があるかどうか（湖の水量がいつも満水かどうか）を管理していなければならない。

どれぐらいの水量が必要かは業種によって異なるが、一般論では、営業マン1人当たりの顧客数は、最低でも50社以上は必要であろう。

②湖の水質管理

次は、湖の「水質」の問題である。淀んだりガスが溜まって湖の劣化が進むと、やはり滝の流れが悪くなる。

これは顧客ストックの「質」の劣化が進み、そこから生まれる売上も劣化していくことと同義である。顧客ストックの質の劣化を防ぐためには、常に適度に新規顧客が混じり、新陳代謝が進んでいなければならない。また、世の中の成長ゾーンにある顧客が含まれている必要がある。

年々の水質管理を怠ったために、ついには自社の顧客構造が、世の中の成長構造とかけ離れてしまった例は、第3章の【メソッド5】で取り上げた、ある洗剤メーカーの名古屋支店の例や、【メソッド8】で解決策を紹介した、ある汎用装置メーカーの神奈川支店の例でおわかりいただけたであろう。

③上流の川の流入管理

画像の左上に小さな川があり、湖に流れ込んでいる。この新鮮な川の水の流入のおかげで、湖の水量が保たれ、水質もリフレッシュされている。これは、既存の顧客ストックに新規の顧客ストックが追加されたことと同じである。

この新規顧客追加は、自社の顧客ストックの新陳代謝を進めるうえで非常に重要である。日本電産グループでは、この新規顧客比率を全体の3割に保つことが、営業活動の目標値の1つになっていることは前述したとおりである。

▶次は、フローとしての「滝の流れ」である

「滝の流れ」は営業フローに相当する。そして、この営業フローを良くすることは、かなりの部分「個人戦力」の強化に関係する。たとえば、ロールプレイングによって、営業トーク力を磨き、相手に「刺さる」提案力を磨く。これによって、フローのサイクルを早く回し、営業効率を高めることができる。

ここで大事なのは、滝の流れは単独では存在しないことである。常に上にある湖が満水でなければ滝は流れない。つまり、フローはストックに依存する。

したがって、営業フローの改善、つまり個人戦力の強化だけ行っても、湖に

あたる顧客ストックの改善・強化、すなわち組織戦力の強化がおろそかだと真の営業強化にはならないことがおわかりいただけると思う。

2 必要戦力の増強

2-1 ランチェスターの法則──営業戦力強化への応用

　自社が営業戦力を投入する市場において、ライバル企業との競争状況にある場合は、インプット（訪問件数や商品力など）とアウトプット（売上高や市場シェア）の関係はどうなるか、それをここでは見てみよう。

　わかりやすい例として、訪問件数（インプット）を今期、思い切って4倍に増強したとする。しかしながら今期締めたところ、売上高（アウトプット）は、4倍とならず2倍になってしまった。それはなぜかを「ランチェスターの法則」を使って考えよう。説明の便宜上、競争のないケースと競争のあるケースに分けて説明する。

◆ 競争のないケース

　このケースは、実際のビジネスの場面ではありえないケースだが、②のケースと比較する必要上、ここで取り上げる。図表4-5のように農業の場合を例にして説明しよう。

　今、お百姓さんが馬に鋤を引かせて1日2時間耕作していたとする。もっと収穫が欲しいので、このお百姓さんは今度は1日8時間、つまり、4倍のエネルギー（インプット）を使って畑を耕したとする。収穫（アウトプット）は何倍になるであろうか？

　このケースは市場（農地）において競争がないわけだから、投入エネルギー量と同一の収穫、つまり4倍のインプットがそのまま4倍のアウト

図表4-5 ▶ ランチェスターの法則（農業のケース）

プットとして返ってくる。

◆ 競争のあるケース

　図表4-6のように、戦争や（ライバルのある）ビジネス競争がこのケースである。戦争は自軍／敵軍の間の陣地の争奪であり、ビジネスは自社／ライバル間の市場の争奪であるという意味で、投入戦力（努力）と戦果（結果）の関係は、同じような因果関係が成立する。

　今、自社（自軍）が圧倒的勝利を得ようとして投入戦力を4倍にしたとする。結果（売上高や市場シェア、戦争の場合は戦果）はどうなるだろうか？

　このような競争状況にあるケースでは、結果（戦果）は4倍とならず、$\sqrt{4}$、つまり2倍となる。

　この例のように、競争環境にある市場（戦場）におけるインプットとアウトプットの関係を説明するのが、1914年にイギリスの航空機エンジニアであったフレデリック・ランチェスターによって発表され、後に戦闘におけるオペレーションズリサーチの原型となった「ランチェスター

図表4-6 ▶ ランチェスターの法則（ビジネス・戦争のケース）

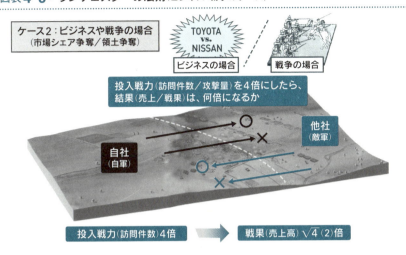

　の法則」である。この法則の数学式は図表4-7のように記される。

　ここでは、紙幅の関係で、この数学式の詳細を論ずることは割愛するが、この法則は一言で言えば、「戦果は投入戦力（攻撃総量）の$\sqrt{\ }$倍になる」ということである。

　このことを図表4-6に即して説明しよう。数学式を図で説明するというのは無理があるが、概念的におわかりいただきたいために図を用いる。今、この図のように、自軍が4倍の兵力を投入して敵陣地に攻撃を仕掛けた。この場合、相手陣地に攻め入った自軍兵士が敵を倒す場合もあれば、倒される場合もある。敵側も同じである。こちらに攻め入った敵兵士が自軍兵士を倒す場合もあれば、倒される場合もある。

　このように激しい戦闘下にあっては、お百姓さんの農作業と違って努力がそのまま結果にならず、この場合は4倍の戦力を投入しても戦果（結果）は$\sqrt{4}$、つまり2倍となって帰結してしまうのである。

図表4-7 ▶「ランチェスターの法則」の数学式

$$A_0^2 - A_t^2 = E(B_0^2 - B_t^2)$$

（軍の戦闘力）＝（武器性能）×（兵員数）^{2}

A_0：A軍の初期の兵員数
A_t：時間 t におけるA軍の残存する兵員数
B_0：B軍の初期の兵員数
B_t：時間 t におけるB軍の残存する兵員数
E：武器性能比（Exchange Rate）＝（B軍の武器性能）÷（A軍の武器性能）

2-2 売上2倍目標を達成するために必要な戦力は？

　今あなたが営業部長だとして、あなたの営業部には20名の営業マンがいたとする。会社から来期の売上を倍増するように指示が出たとしたら、あなたはどうするだろうか？

　あなたが会社のトップに対して行う最もポピュラーな具申策は、営業マンのもう20名追加を申し出ることではないだろうか？　売上を2倍にするなら、営業マンも2倍必要、という計算だろう。

　しかし、もしあなたがランチェスターの法則を知っていたら、営業マン数の増加は20名では足りず、60名の追加、すなわち総勢80名の戦力（現状の4倍の戦力）が必要なことを計算するはずだ。なぜなら、ランチェスターの法則によって、2倍の戦果（売上高）を得るためには、戦果の2乗の戦力（営業マン数）が必要だからである。

　あなたがランチェスターの法則を知らずにトップにもう20名、つまり総勢2倍の戦力要求を行い、それを認められて、来期の営業活動を行ったとしても、戦果（売上）は $\sqrt{2}$、つまり1.4倍にしかならないのである。

　売上倍増のために80名の営業体制を敷く提案は、いかにトップが甘

図表4-8 ▶ 売上を2倍にするために

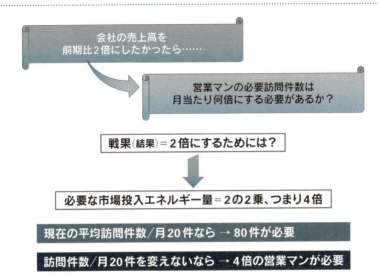

かろうとも認められるわけはない。

しかし、あきらめてはいけない。達成する方法はある。あなたの営業部の営業マンの1人当たりの月間訪問件数を調べてもらいたい。

もし、これが月平均20件なら、しめたものである。これを4倍の月80件にすればよいのだ。営業マンの増員という、会社にとって出費のかかるやり方ではなく、現有要員で、つまりコストアップなしで所定の戦果を出すための条件整備ができたことになる（図表4-8）。

Coffee Break

ランチェスターの法則裏話
——1970年代、トヨタ・日産大戦争での活用

　ランチェスターの法則は、第1次大戦から第2次大戦にかけて発展した軍事法則であることは前述した。

　この法則が生まれたのは、第1次大戦下においてだったが、大々的に使われたのは第2次大戦、それも太平洋戦争であった。太平洋戦争は、中部太平洋上に無数に点在する島の奪い合いの戦争であった。太平洋戦争の前半は日本軍の圧倒的勝利だったが、後半はアメリカ軍の圧倒的勝利に終わった。

　アメリカ軍は前半の連続的敗戦の教訓として、後半戦以降はランチェスターの法則を活用した。島を守る日本軍守備隊に対して、何倍の兵力を投入すれば勝てるかを算定、個別の作戦に適用して、島を1つ1つ奪還していったといわれている。ランチェスターの法則の欧米における応用例は、この戦争をもって終了する。

　しかし皮肉なことに、この法則が息を吹き返したのは日本においてである。戦後、故・田岡信夫氏の精力的な研究によって、ビジネス界における戦いの法則として、幅広い応用研究がなされた。

　筆者が記憶する大々的な応用例としては1970年代、高度成長期を舞台にして自動車業界のビッグ2であるトヨタと日産が、激しいシェア競争を繰り広げたが、その競争の舞台裏でトヨタによって、この法則が盛んに研究・展開された。

　当時のトヨタと日産のマーケットシェアは全くの均衡状態にあったが、そのマーケットシェアを覆すべく、トヨタがこのランチェスターの法則を研究・応用し、販売店の戦力投入対策（日産に対し、何倍の営業マンを投入すれば、その地域を制覇できるか）に役立てた。

　当時の両社を形容するキャッチフレーズとして、「技術の日産」「販売のトヨタ」といわれたが、車の技術面で一日の長があった日産に対し、トヨタはその劣勢を挽回すべく、この法則の有効性に着目して、総力戦に役立てたのではないかと思われる。

3 引合い管理の重要性

　組織の実践力を上げるうえで、「訪問件数UP」がいかに効果があるかは、前段で十分ご理解いただけたと思う。組織あげての「訪問件数管理」は、実践活動を行うにあたっての「入口」なら、営業活動の「出口」をしっかり固めるのが、これから述べる「引合い件数管理」である。この入口と出口にあたる部分を組織として取り組めば、売上は確実に上がる。

　マネジャーとして成果を出したかったら、「訪問件数UP」と「引合い件数UP」にエネルギーの大半を使え！　ということだ。以下ではマネジャーが「引合い件数UP」にどう取り組むべきかを述べるが、それに取りかかるにあたって、「引合い件数管理」の重要性を理論として理解いただくために、もう一度「営活方程式」を引っ張り出してみよう。

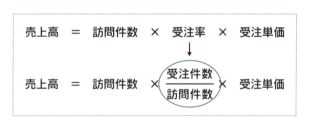

　今回、この方程式の表現では、わけあって受注率のところだけ分数で表示した。その理由は後でおわかりいただけるだろう。

　ここでおさらいをしておこう。本章の冒頭で述べたように、左辺の売上高を上げたかったら、右辺の訪問件数、受注率、受注単価の3つを上げればよい、しかし、今日の競争激甚時代では、受注単価を上げることは難しいので、ここにエネルギーを割くよりも訪問件数と受注率の向上に勢力を割いたほうがよい、ということであった。

　さて、分数で表現した受注率だが、この部分を以下のように書き換え

てみよう。実際の営業活動は、いきなり「訪問→受注」ではなく、「訪問→引合い→受注」というプロセスを踏むので、そのプロセスを見るためである。

ここでいう引合いとは、客先から見積り依頼を受けたものと定義する。また、ここで使っている受注率は、冒頭の式で使った受注率（受注件数÷訪問件数）と違い、引合い件数を分母としているので、狭義の受注率である。

この新しい営業活動方程式では、売上高を上げるためには（受注単価の引上げは、ひとまず置くとして）、訪問件数、引合い件数、受注件数を上げればよいということになる。しかし受注件数は、引合い件数がなければ成立しないわけなので、結局、売上高を上げる要素は、訪問件数と引合い件数ということになる。

多くの企業の営業現場で行う引合い件数、受注件数の引上げは、せいぜい「ロールプレイング」の強化ぐらいだ。この2つとも個人能力の世界で、と考えているからだろう。

このセクションでは、その常識を覆し、売上増に直結する組織手法としての「引合い案件管理」のやり方を手に入れていただこう。

4 引合い案件ABCフォロー表を使う

4-1 選挙の票読みのやり方を引合い案件の票読みに使う

　選挙の票読みは、選対事務局長の最も重要な仕事である。途中の票読みが狂うと終盤までの選挙の舵取りも狂ってしまう。

　では、実際の票読みはどうやっているのか？　どの事務局長も必ずやるのが、見込み票のウェイト付けである。見込み名簿の1つ1つに◎、○、△を付け、◎は×0.9、○は×0.7、△は×0.5のように確率を掛けて票読みをする。当選・落選は政治家にとって天と地の違いとなるため、事務局長の必死の票読みがその岐路を分けるのだ。

　会社の売上増・減の岐路を分ける営業現場でも、それと同じ緊張感を持って票読みを行うべきであるが、どういうわけか、どの会社の営業部門も、営業マンが取ってきた引合い案件金額のベタの積上げが大半である。

　今、ある営業マンの予算（月間売上目標額）と、それに対してこの営業マンが営業活動で取ってきた引合い案件金額が図表4-9のような状況だったとしよう（なお、同社の売上は、顧客からのリピート需要はなく、売上はすべて新規売上で構成されているものとする）。

　ほとんどの会社が犯す過ちは、各営業マンごとの予算管理において、引合い案件の単純合算額を予算と対比して物事を見ていることである。

　このことを図表4-9で説明しよう。この営業マンの予算は毎月30百万円である。これに対して、引合い金額はA、B、C合わせて60、56、35百万円という状況だ。図表4-9を図表4-10のようにグラフ化すると、いっそうよくわかる。このグラフから明らかなように、各月とも引合い総額は常に予算を上回っている。

　こういうケースでは、予算が先行き達成する可能性があるような錯覚

図表4-9 ▶ 予算と引合い案件（ABC別）

(単位：百万円)

		今月	来月	再来月
予算		30	30	30
案件	A	10（2件）	10（2件）	5（1件）
	B	20（4件）	6（1件）	20（1件）
	C	30（4件）	40（5件）	20（2件）
	合計	60（10件）	56（8件）	45（4件）

A：受注確度80%　　B：50%　　C：30%

図表4-10 ▶ 予算と引合い案件（単純合算）

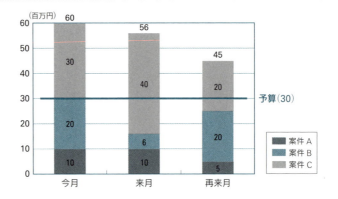

　にとらわれる。営業マンも営業所長もハッピーな気分になる。ハッピーな気分になるというのは、管理が甘くなるということである。

　事実、時々は大口案件で確度の低いB、C案件がドカンと決まる場合があるので、営業マンも営業所長も、引合い総額の大きさが宝の山に映るのだ。

　しかし、これを選挙の票読みのように、引合い案件の実現可能性という観点から、図表4-9に記載したウェイトを付けて、積算してみよう（図表4-11）。

図表 **4-11** ▶ 予算と引合い案件（ウェイト付け合算）

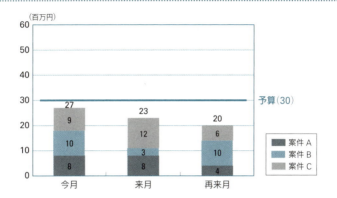

このグラフを見ると、ハッピーな気分など、どこかに吹っ飛んでしまう。一目瞭然、予算を達成するための案件が、どの月も足りないのである。「どんぶり」でものを見ることは、糠喜びにすぎないことがわかる。

仮に予算との乖離額をこれから訪問を強化して、C案件の引合いを獲得するとなると（いきなりA、Bクラスの引合いに遭遇することは考えにくいので）、今月は10百万円（3百万円÷0.3）、来月は23百万円、再来月は33百万円の新たなC案件の見積り引合いを獲得しなければならないことになる。

このように見てくると、実践段階では、「訪問件数」の強化とともに、いかに「引合い件数」の強化を行わなければならないかが、如実におわかりいただけたと思う。

反対に言えば、この2つさえ、競合他社が及ばないぐらい一生懸命やれば、必ず勝てる会社になれるということでもある。

4-2 引合い案件フォローの実際

図表4-12は、ある種苗商社の東北6県のJA担当営業マンの引合い案

図表 4-12 ▶ 引合い案件ABCフォロー表

(単位:百万円)

				4月	5月	6月
		① 予算		30	30	30
	受注確度	客先名	案件名			
引合い案件	A	ごしょつがる農業協同組合	トマト1号	5	5	
	C	おいらせ農業協同組合	立ちレタス3号	6	10	
	B	津軽みらい農業協同組合	キュウリ1号	10		
	B	八戸農業協同組合	白菜4号		1	10
	B	花巻農業協同組合	コールラビ1号	2	1	4
	C	岩手ふるさと農業協同組合	長ネギ2号	2	1	4
	C	大船渡市農業協同組合	キャベツ2号		3	
	C	仙台農業協同組合	ムラサキキャベツ1号	1	1	1
	C	みやぎ亘理農業協同組合	白菜4号	2	5	5
	A	南三陸農業協同組合	立ちレタス1号	3		3
	C	あきた白神農業協同組合	白神ネギ1号	5	10	
	C	いわでやま農業協同組合	コールラビ1号	6		5
	A	農民の家農業協同組合	小丸ナス1号	1	4	
	B	栗っこ農業協同組合	長ナス4号	3	1	
	B	こまち農業協同組合	小丸ナス1号	5	3	6
	C	秋田おばこ農業協同組合	白菜4号	1		5
	A	山形おきたま農業協同組合	長ネギ2号	1	1	2
	C	ふくしま未来農業協同組合	青ネギ3号	4	8	
	C	会津よつば農業協同組合	キュウリ1号	3	2	
	内訳	A案件		10	10	5
		B案件		20	6	20
		C案件		30	40	20
		② 合計(単純合算)		60	56	45
	ウェイト付け	A案件		8	8	4
		B案件		10	3	10
		C案件		9	12	6
		③ 合計(ウェイト付け)		27	23	20
予算差異		②-①		30	26	15
		③-①		-3	-7	-10

件フォローの実際をイメージしたものである。

　この表の肝は、最後の予算差異にある。単純合算との予算差異を見れば、営業マンもマネジャーもハッピーな気分になる。しかし、ウェイトを掛けた実現可能性を加味した予算差異を出せば、営業マンもマネジャーも現実に向き合うようになり、案件のさらなる探索にドライブをかける組織になる。

　なお、このフォロー表と図表4-10と図表4-11の2つの棒グラフは連動している。併せてご覧いただきたい。

4-3　真の「売上第一」の会社とは

　会社の営業部門が実行力を上げられるかどうかということは、会社にとって喉から手が出るほど欲しい、売上増大に直結するかどうかの問題であるわけであるから、実はこれは会社全体の問題でなければならないはずだ。

　第2章と第3章で述べた「分析」と「計画」や、次の第5章で紹介する「フォロー」は、営業部門の固有の機能であるから、これは営業部門が責任を持ってやる問題であり、それをちゃんとやるように営業部門に任せておけばよい問題であろう。

　しかし、この第4章で扱った「実行」問題だけは、会社業績に直結する問題であるから、全社の問題、全社が総力で取り組む問題とならなければならないはずである。

　したがって、その論理に立てば、「ウチは営業が弱いから売上が上がらない」という発想はおかしいことになるが、大半の会社が意識下においては、この論理に立った考え方をして、営業を見ているのではないだろうか。

　これがことチームスポーツ、たとえばラグビー、サッカーの世界だったら、こんな発想のチームはありえないだろう。フォワードが営業だと

したら、バックスは開発・生産に当たると見てよいが、バックスがフォワードの動きを考えていないとしたら、そういうチームは成り立たない。

　だから、売上が上がらないのはフォワード、バックス双方の問題があるからであり、「ウチは営業を含めて、全社の機能が弱いから売上が上がらない」という言葉にならなければならないはずである。そうなると、上流工程の開発や生産部門といえども、いかに日常のオペレーションにおいて、営業を支援し、営業が早く受注を取れるようにするかを考えなければならないことになる。

　そういうバックスの支援体制があって、営業部門が専門職集団として、訪問件数管理や引合い案件のABC管理を行って、組織実力を上げていくような総力戦体制をとることが、真の「営業機関車化」につながるのだ。

　しかしながら、こういう論理に立って、全社で日常の業務として「売上第一」を実行している会社は非常に少ないのが現実ではないだろうか。私は本書で、日本電産流のものの考え方、マネジメント手法を紹介しているわけであるが、日本電産ではこの論理が一本、会社の中をしっかりと通っていた。

　たとえば、私が在籍していた2000年当時でも、日本電産では開発や生産部門の組織の名前さえも、「○○開発支援部」「○○生産支援部」という名称を付けていた。どこを支援するか。それは営業であった。

第5章

営業強化 フォローのメソッド

　「いい会社と悪い会社でやっていることは、表面上ほとんど一緒です。やるべきことも一緒です。何が違うかといえば、どの程度までやるのか、どの水準をめざすのか、それだけです。悪い会社はいい加減にやっていたり、やっているふりで終わっている。低い水準での成功で満足している。いい会社は徹底的にやり、それでも満足せずに、全員でさらに上をめざしている。そういう違いがあります」

　これは、ファーストリテイリングの柳井正社長の言葉である（ラム・チャラン『徹底のリーダーシップ』の柳井氏による解説文より）。

　では、柳井社長の言われる「いい会社」の条件である「物事を徹底的にやる」、たとえば売上計画なら、計画を立てた後の実行段階で未達をほとんど起こさないような「徹底ぶり」は、どうやったら身につけることができるのだろうか？

　その答えは月並みだがたった一言、次の言葉に代表されるものしかないだろう。

　すなわち、「PDCAを回す」「フォローを徹底する」、あるいは日本電産流に言えば、「"すぐやる、必ずやる、出来るまでやる"の執念経営」である。

1 フォローの重要性

◆わかっているが、やっていない企業が大部分

　私の「営業力強化」セミナーでの話をしたい。本書で書かれている第2章と第3章、つまり営業の分析、計画作成のくだりの話は、受講生として参加している経営者、マネジャーのどなたもが、熱心に聞き入っておられる。過去何十回もセミナーを行ったが、1人も居眠りをなさった方はおられない。それが私の密かな自慢でもあった。

　しかし、この第5章でこれから述べるフォローのくだりになると、今までセミナー会場を覆っていた緊張感が緩み出す。あくびや居眠りも出始めることになる。フォローはオペレーションの次元の話、経営者として自分自身が関与すべき優先度が低い問題だ……。そう思っておられる経営者が多いことを反映しているのであろうか。

　私は、売上100億までの会社では、経営者自らがフォローの現場に立つことをお勧めしたい。

　考えてみればわかることだが、1年という期間の中で、どんなに分析や計画に時間をかけたといっても、せいぜい1カ月である。そして残りの11カ月は、その計画の実行とフォローに充てられるのだ。つまり、精魂込めて作った計画も実行とフォローがずさんでは、ただの「ペーパープラン」である。「計画を作るまでの会社」ではなく、「計画を作ってからの会社」にしなければならない。それをするのは、経営者の役目である。

　生んだ子は、自分で育てることが鉄則。しかし、フォローの段階になると、報告はさせるが現場には出ない、他人任せの経営者が大部分になってしまうのである。

◆本章で取り上げるフォローの種別とメソッド

　計画と実績のフォローを行う（PDCAを回す）ことの重要性に鑑みて、

図表5-1 ▶ フォロー管理の種別と適用するメソッド

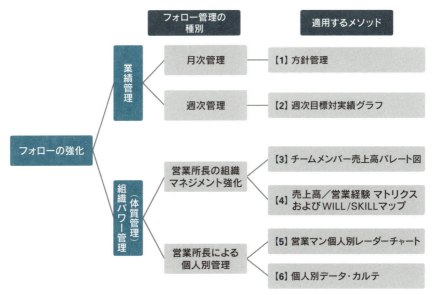

注：【 】は、この第5章で取り上げるメソッドの番号を示す。
第2章と第3章で取り上げたメソッド番号とは異なる。

　本章は第3章の計画編と同じ紙数を割いて、経営者、営業マネジャーの皆さんが留意すべき点とフォローを的確に行ううえでのメソッドについて触れてみたい。

　企業においてフォローは、計画機能と同等、あるいはそれ以上に重要な機能であるにもかかわらず、どういうやり方でフォローを行えば効果が出るかについては、ほとんど著述はなかったと思われる。

　本書では、このフォロー問題に真っ正面から取り組んで、計画段階で6つのメソッドを紹介したが、このフォローについても6つのメソッドを使って、企業の実行体質強化に直結する問題に切り込んでいきたい。

　第3章と同じく、ここでもフォローの全体構成がわかるように、樹形図を掲載した（図表5-1）。ここで取り上げるフォローは、営業の前線部

隊である営業所をイメージし、そのフォロー実施者である営業所長の管理能力の向上を狙ったものとして組み立てた。

フォローの種類は大きく、業績管理と組織パワー管理（体質管理）に分けた。業績管理は結果を管理する、いわばアウトプット系であるのに対し、組織パワー管理は、結果を出すための要因系、インプット系を扱うものである。

多くの企業の営業現場では、フォローとは各営業マンと拠点長との間の月間目標に対する未達、過達の報告会や手持ち案件の票読み会になっており、毎月定例化した対策会議である。飛び交うのは数字だけだ。このような数値ギャップ会議を何回繰り返しても、組織の発展向上は期待できない。フォローの真の目的は、後戻りしない形で、「計画を作ってからの会社にすること」「未達をしない体質を作ること」である。

組織が目標未達を繰り返すということは、その組織が「慢性未達体質・生活習慣病」に罹っていることであり、人間でいえば、一過性の外科手術で治るものではなく、内科療法によって、基礎からの体質転換を図ることが必要なように、時間のかかるものである。だから、対策メソッド（治療法）もそれなりのものを用意し、拠点長がリーダーシップを発揮して取り組まなければならない。

ただし、非力な拠点長だけでは、組織という老獪な有機体を動かすのは難しい。必ず経営トップが背後で陰に陽に拠点長を支援し、力を貸してやることが重要である。

◆ **業績管理の肝**——**月次管理と週次管理**

ここでは、「月次管理」と「週次管理」の中身に入っていく前に、そのイメージをつかんでいただくために、それぞれの具体的な「管理項目」を列挙してみよう。

管理項目とは、どういう観点、視点でマネジメントすれば未達防止につながるかという意味での管理のポイントである。

図表 5-2 ▶ 月次管理と週次管理の管理項目

月次管理		週次管理	
月次売上計画	■ 計画／実績の分析 ■ 未達の場合のなぜなぜ分析 ■ 再発防止策申合せと徹底	今週の振り返り (営業マン別作戦 レビュー)	■ 個別顧客別状況 ・訪問できたか／ 　できなかったか ・商談状況 　見積り取れたか／ 　取れなかったか ・受注見込みはあるか ・競合状況と対策
市場動向 顧客動向 競合動向	■ 市場トレンド変化情報 ■ 顧客の動向分析 ■ 競合状況分析		
先行3カ月見込み	■ 受注・売上の票読みと対策 ■ 見積り案件レビュー ■ 新規攻略案件棚卸し ■ 今後の重点訪問活動レビュー	次週の作戦	■ 個別顧客別作戦 (上記状況からの対策)
引合率	■ 営業マン別傾向分析 ■ 低引合い率営業マンの対策 　検討	月末着地見込み と 対策	■ 引合い案件のレビュー 　(A/B/C層別化と票読み) ■ 月末着地金額予測 ■ 未達の場合の挽回対策
受注率	■ 営業マン別傾向分析 ■ 低受注率営業マンの対策検討	ロールプレイング	■ 個人戦力強化の観点か 　ら、最低でも週1回行う

　図表5-2を私のクライアント企業の営業マネジャーの皆さんにご紹介すると、第一声は「えっ、こんなにやるの？」である。それに対する私の答えは、「そうです。『管理』とは、暑苦しいものです」というもの。ここを緩めたら、「後戻りしない」体質は永久に手にすることができない。

　ここでは、表を使って「月次管理（フォロー）」と「週次管理（フォロー）」の視点（管理項目）について述べたので、次に「月次フォロー」と「週次フォロー」をどういう方法で行うか、その仕組みのフォーマットを中心に述べていきたい。

2　月次管理──年間計画達成の可否を決めるマイルストーン

【メソッド1】
▶ トヨタの定番メソッド、「方針管理」を使う。

　トヨタの強さは「フォローの強さ」にあることはよく知られているが、その体質を作ってきたメソッドの1つが、「方針管理」であることはあまり知られていない。

　方針管理は、1960年代半ばに日本で開発された手法だが、それを最も使いこなしている企業の最右翼がトヨタ自動車である。方針管理とよく間違えられるものに「目標管理」がある。これは1960年代初頭にアメリカで生まれ、一時期は世界に広まったが、今は見る影もない。

　方針管理が、現在も生き残ってトヨタの定番ツールになっている理由は、「目標」に対し、それをどういうやり方で達成するのかという「方策」を徹底的に考えさせる点にある。

　目標管理では、方策は問われない。問われないというより、そういう考え方がない。仮に世の中の景気が良くなって、目標達成できてもOKであるし、ライバル企業が倒産したり、災害にあって、自社に思わぬ受注が転がり込んできても、目標は達成である。

　これに対し、方針管理では、目標と方策を対比させ、方策を徹底的に詰めさせて、目標達成度を上げさせる手法である（図表5-3）。つまり、目標という「結果」を出すための方策という「プロセス」を重視する管理手法なのだ。

　方策がより重要であることは、プロスポーツ選手の日常を見ればわかる。たとえば大リーグのイチロー選手は、試合が終わると、他の選手がシャワールームに直行するのに対し、ビデオルームに入って、先ほどの試合の打撃フォームをチェックするといわれている。プロの選手は、毎

図表5-3 ▶ 方針管理の目標と方策の関係

方針管理は「目標」以上に「方策」を重要視する

高い山に登る(目標)には用意周到な準備(方策)が必要である

目標が高くなればなるほど登る階段(方策)は今までよりずっと急である

日毎日、方針管理を行って、目標達成のための方策の改善・強化に一番神経を使っているといってよい。

図表5-4は、私がコンサルティングの現場で使っている営業部門用の方針管理の雛形である。

このフォーマットは、トヨタのフォーマットに対して、目標と方策の進行状況が、一覧でわかるように「見える化」の改善を行っている（目標と方策の進行状況を○△×で表示）。

上述したように、方針管理に掲げる方策は、目標達成に必要な仕事のやり方であるので、方策が達成され出すと、目標値の達成度が上がってくる。つまり、方針管理では、目標を追いかけるのではなく、方策を追いかけるのだ。方策が実行できたか／できなかったか、できなかった要因は何か。これを徹底的にフォローするのである。

これは目標ができたか／できなかったかの「結果管理」ではなく、

図表5-4 ▶ 営業部門で使う「方針管理」のフォーマット

「目標」に関する部分

「目標」と「方策」を

営業1課　課長　　　　　　　　名前：

区分	目標名		目標			
			目標値	実績	達成率	評価
全体売上計画	上期売上計画　414　百万円 代理店　310.5　百万円 直販　103.5　百万円	4月	68	53	77.9%	×
		5月	68	65	95.6%	△
		6月	71	70	98.6%	△
		7月	68	73	107.4%	○
		8月	55	60	109.1%	○
		9月	84	97	115.5%	○
		合計	414	418	101.0%	○
代理店	○○商事　72百万円	4月	12	11	66.7%	×
		5月	11	9	63.6%	×
		6月	10	7	70.0%	×
		7月	13	9	69.2%	×
		8月	6	4	66.7%	×
		9月	20	12	60.0%	×
		合計	72	53	66.2%	×
	●●物産　54百万円	4月	6	3	200.0%	○
		5月	8	5	160.0%	○
		6月	9	5	180.0%	○
		7月	10	5	200.0%	○
		8月	7	5	140.0%	○
		9月	14	5	200.0%	○
		合計	54	30	180.0%	○
直販	△▼工業　90百万円	4月	12	12	41.7%	×
		5月	11	11	72.7%	×
		6月	10	11	70.0%	×
		7月	13	14	69.2%	×
		8月	6	7	66.7%	×
		9月	20	26	75.0%	×
		合計	72	81	66.7%	×

注：上記表では、営業1課長の全体の売上目標（414百万円）に対し、個別の顧客別目標（代理店/直販）は1部のみ掲載。

「方策」に関する部分

対比させる

第　　期 東京支店 方針管理書

○：100% 以上
△：80% 以上 100% 未満
×：80% 未満

方策	方策の実行状況評価					
	4月	5月	6月	7月	8月	9月
●課員の訪問件数1人5件/1日実施の徹底	×	×	×	△	○	○
●課平均で午前中のアポを1週間3日以上	×	×	△	○	○	○
●週次会議による計画と実績の差異対策実施	×	△	○	○	○	○
●代理店勉強会の定期的実施	×	△	○	○	○	○
●代理店との同行販促を徹底させる	△	○	○	○	○	○
●客先購買に止まらず客先現場の積極訪問のプッシュ	△	○	○	○	○	○
●2面パレート図を活用した各客先個別作戦の指導	△	○	○	○	○	○
●代理店との会議を隔月1回開催	○	○	○	○	○	○
●代理店販売意欲高揚するよう、1回/週 訪問	○	○	○	○	○	○
●商品知識が相当足りないので、勉強会を隔月1回実施	○	○	○	○	○	○
●当社への関心が低下傾向なので、懇親会を隔月実施	○	○	○	○	○	○
●代理店の営業マン別販売コンテストの隔月実施	○	○	○	○	○	○
●代理店への出張セミナーの隔月実施	○	○	○	○	○	○
●各営業マンの持ち顧客数の増加の指導	○	○	○	○	○	○
●一般客先/エネルギー関連客先 課単位でのフォロー実施	×	×	×	×	×	×
●代理店客先へ同行および直接販促	×	×	×	×	×	×
●代理店販売意欲高揚するよう、1回/週 訪問励行	×	×	×	×	×	×
●総顧客数の1.2倍化促進	×	×	×	×	×	×
●Aゾーン顧客数の1.5倍化促進	×	×	×	×	×	×
●代理店への出張セミナーの実施	×	×	×	×	×	×
●2面パレート図を活用した各客先個別拡販作戦の指導	×	×	×	×	×	×
●一般客先/エネルギー関連客先 課単位でのフォロー実施	×	×	×	×	×	×
●代理店客先へ同行および直接販促	×	×	×	×	×	×
●代理店販売意欲高揚するよう、1回/週 訪問励行	×	×	×	×	×	×
●総顧客数の1.2倍化促進	×	×	×	×	×	×
●Aゾーン顧客数の1.5倍化促進	×	×	×	×	×	×
●代理店への出張セミナーの実施	×	×	×	×	×	×
●2面パレート図を活用した各客先個別拡販作戦の指導	×	×	×	×	×	×

図表5-5 ▶ 方策(プロセス)と目標(結果)の組合せのケース

	方策(プロセス)	目標(結果)
ケース1	〇(方策達成)	〇(目標達成)
ケース2	〇(方策達成)	✕(目標未達)
ケース3	✕(方策未達)	〇(目標達成)
ケース4	✕(方策未達)	✕(目標未達)

注:方針管理では、方策のレベルいかんによって、目標のレベルが決まるというように、方策がカギとなるので、上記の組合せ表も、方策を先に持ってくる表示を行っている。

「方策」ができたか／できなかったかの「プロセス管理」である。

営業活動においては、ある顧客企業を攻略する場合、どれだけその顧客に「刺さる」作戦なり方策を持っているかによって、成功の度合いは大きく異なる。カリスマ営業マンやトップ営業マンは、顧客のどこを押せば受注につながるかを天性で突き止める能力を持っている。

それを持ち合わせている度合いの少ない「並み」の営業マンを、少しでもトップ営業マンのレベルに近づかせるには、ターゲット顧客に対する食い込みを、どうしたら高められるかを、徹底して考えさせるしか道はない。

その意味で、トヨタが企業全体の管理ツールとして、50年にわたって使いこなしてきたこの方針管理は、営業部門のツールとしても非常に有効である。

さて、目ざとい読者の方なら、この方針管理表をご覧になって、方策が達成されているのに目標が未達になっている、あるいは、方策が未達なのに、目標が達成されている、というようなイレギュラーなケース(図表5-5では、ケース2と3がこれに相当する)があることに気づかれるだろ

う。
　それを、図表5-5と図表5-6のように、正常／イレギュラーを含めて4つのケースに分類して、方針管理の見方を説明する。「方針管理」はこのように、単に目標と方策を平板に並べるのではなく、その組合せでできる4つのケースについて、問題を追求するものであり、そこまで問題を突き詰める方針管理の奥深さを汲み取っていただきたい。

◆ケース1：方策と目標の対応ができている望ましいケース
　目標を達成するに必要な方策が正鵠を得ていて、方策が当たり出すと目標も実現できているケース。高い山に登るには、それにふさわしい方策が必要であるが、このケースは、高い山に登るに必要な方策が練られていることを意味している。したがって、この正しい方策を実行すればするほど、結果がついてくるわけである。

> 方策の欄のマークが×から○に変化する度合い（方策が達成される度合い）に応じて、目標欄も×から○に変化していることがわかる。

◆ケース2：策定した方策は実行できているにもかかわらず、目標未達が続くケース
　目標を達成するためには、これをやれば大丈夫だと思って列挙した方策をみんなキチンとやったが、結果が出ないというケースである。これは、目標を達成するための方策が甘いことを意味する。
　このようなケースでは、営業マンは自分が立てた方策をいくらやっても結果が出ないので、自分の方策の詰めの甘さを棚に上げて、結果が出ない原因を、自社の商品の品質問題やコスト問題（他責問題）に転嫁しがちになる。
　この問題を解決するには、上司が営業マンの目標と方策の詰めの状況

図表5-6 ▶ 方針管理の「目標×方策」の組合せの4つのケース

「目標」と「方策」の達成状況の

営業1課　課長　　　　　名前：

区分	目標名		目　標			
			目標値	実績	達成率	評価
全体売上計画	上期売上計画　414　百万円 代理店　310.5　百万円 直販　103.5　百万円	4月	68	53	77.9%	×
		5月	68	65	95.6%	△
		6月	71	70	98.6%	△
		7月	68	73	107.4%	○
		8月	55	60	109.1%	○
		9月	84	97	115.5%	○
		合計	414	418	101.0%	○
代理店	○○商事　72百万円	4月	12	11	66.7%	×
		5月	11	9	63.6%	×
		6月	10	7	70.0%	×
		7月	13	9	69.2%	×
		8月	6	4	66.7%	×
		9月	20	12	60.0%	×
		合計	72	53	66.2%	×
	●●物産　54百万円	4月	6	3	200.0%	○
		5月	8	5	160.0%	○
		6月	9	5	180.0%	○
		7月	10	5	200.0%	○
		8月	7	5	140.0%	○
		9月	14	7	200.0%	○
		合計	54	30	180.0%	○
直販	△▼工業　90百万円	4月	12	12	41.7%	×
		5月	11	11	72.7%	×
		6月	10	11	70.0%	×
		7月	13	14	69.2%	×
		8月	6	7	66.7%	×
		9月	20	26	75.0%	×
		合計	72	81	66.7%	×

「食い違い」から問題点を発見する

第　　期　東京支店　方針管理書

○：100%以上
△：80%以上100%未満
×：80%未満

方策	方策の実行状況評価						
	4月	5月	6月	7月	8月	9月	
● 課員の訪問件数1人5件/1日実施の徹底	×	×	×	△	○	○	ケース1
● 課平均で午前中のアポを1週間3日以上	×	×	△	○	○	○	
● 週次会議による計画と実績の差異対策実施	×	△	○	○	○	○	
● 代理店勉強会の定期的実施	×	○	○	○	○	○	
● 代理店との同行販促を徹底させる	△	○	○	○	○	○	
● 客先購買に止まらず客先現場の積極訪問のプッシュ	△	○	○	○	○	○	
● 2面パレート図を活用した各客先個別作戦の指導	△	○	○	○	○	○	
● 代理店との会議を隔月1回開催	○	○	○	○	○	○	ケース2
● 代理店販売意欲高揚するよう、1回/週 訪問	○	○	○	○	○	○	
● 商品知識が相当足りないので、勉強会を隔月1回実施	○	○	○	○	○	○	
● 当社への関心が低下傾向なので、懇親会を隔月実施	○	○	○	○	○	○	
● 代理店の営業マン別販売コンテストの隔月実施	○	○	○	○	○	○	
● 代理店への出張セミナーの隔月実施	○	○	○	○	○	○	
● 各営業マンの持つ顧客数の増加の指導	○	○	○	○	○	○	
● 一般客先/エネルギー関連客先 課単位でのフォロー実施	×	×	×	×	×	×	ケース3
● 代理店客先へ同行および直接販促	×	×	×	×	×	×	
● 代理店販売意欲高揚するよう、1回/週 訪問励行	×	×	×	×	×	×	
● 総顧客数の1.2倍化促進	×	×	×	×	×	×	
● Aゾーン顧客数の1.5倍化促進	×	×	×	×	×	×	
● 代理店への出張セミナーの実施	×	×	×	×	×	×	
● 2面パレート図を活用した各客先個別拡販作戦の指導	×	×	×	×	×	×	
● 一般客先/エネルギー関連客先 課単位でのフォロー実施	×	×	×	×	×	×	ケース4
● 代理店客先へ同行および直接販促	×	×	×	×	×	×	
● 代理店販売意欲高揚するよう、1回/週 訪問励行	×	×	×	×	×	×	
● 総顧客数の1.2倍化促進	×	×	×	×	×	×	
● Aゾーン顧客数の1.5倍化促進	×	×	×	×	×	×	
● 代理店への出張セミナーの実施	×	×	×	×	×	×	
● 2面パレート図を活用した各客先個別拡販作戦の指導	×	×	×	×	×	×	

第5章　営業強化 フォローのメソッド

を見て、目標を達成するための真の方策を検討させ、今後の営業活動の軌道修正を図らなければならない。

> 方策の欄のマークが〇の連続にもかかわらず、目標欄は×が続いていることから、方策〇、目標×のケースであることが読み取れる。マークによる「見える化」がないと、なかなかこのような現象を読み取れない。

◆ケース３：策定した方策は実行できていないにもかかわらず、目標が達成されたケース

やるべき方策をやらなかったけれど、結果は出たというケース。ゴルフにたとえると、グリーン回りで、正しいショットをしてグリーンにオンさせなければならないところを、ミスショットしたにもかかわらず、ゴロでボールが転がってグリーンに乗ってパーを取ったという、「結果オーライ」のケースである。

営業でいえば、競合メーカーが大きな品質トラブルを起こして出入り禁止になり、自社に思わぬ受注が転がり込んできたケース。あるいは、客先の商品が予想外のヒット商品になり、納入メーカーとしての当社の売上もそれにつれて予想以上の伸びを示した、というようなケースがこれに相当する。

また、特定の客先ではなく、自分の担当業種が、かつての太陽光発電のような一時的な爆発的ブームにめぐり会ったような場合にも、このような毎月「結果オーライ」が続くラッキーな営業マンが生まれる。

こういう顧客に恵まれた営業は、「ご用聞き」営業スタイルでも通じるので、いつしか甘い営業マンになってしまう危険性を秘めている。

> 方策の欄のマークが毎月×の連続にもかかわらず、目標が達成されている場合は、顧客のごく一時的な「フロック」なのか、そ

> れとも業界がブームに沸いているのかをよく見極めなければならない。業界がブームに沸いているときには、ブームが去ったときの反動が大きいので、新規開拓の目標を新たに設定し、それに備えさせなければならない。

◆ケース4：策定した方策も実行できていないし、目標も達成されないケース

　これは現象としては、最悪のケースといってよい。方策がまともに実行されていないわけであるから、目標が達成できるわけはない。こういう現象が支店や営業所で発生し始めたら、経営者や営業マネジャーは、現象を次の2つに分けて考える必要がある。

● ケース4-1　特定の営業マンに出ている場合
　ある特定の営業マンにこのような現象が出ている場合は、組織の病気（症状）としては、軽い部類である。
　このような場合は、個人別の育成メニューを作成し、営業マンが離陸できるまで、根気よく指導すればよい。

● ケース4-2　支店全体、営業所全体に出ている場合
　組織風土がネガティブなっている兆候と考えたほうがよい。重症の部類に入る。本章の中段で、組織が未達病を起こすかどうかは、トップの「意識」と「マネジメントスタイル」、それとその組織が、月次管理・週次管理などの「フォローの仕組み」をどの程度持っているかによる、と述べている。そこのところを考えた「治療法」が必要となる。
　この場合も2つのケースで考える。

● ケース4-2-1　会社全体、営業部門全体に症状が出ている場合
　このケースの場合は、①経営トップの「意識改革の程度」と「マネジ

メントスタイルの適切性」ならびに、②会社全体の「フォローの仕組み」の領域にまで踏み込んだ解決が必要となる。

　会社の中でも、営業部門だけにこの症状が出ている場合は、営業部門トップの問題と営業部門内の仕組みの問題に症状の原因があると考えてよい。この場合は、その企業の経営者が対策を考えなければならない。

● ケース4-2-2　特定の支店、営業所に症状が出ている場合

　他の支店、営業所には問題がなく、ある特定の支店、営業所に未達病の症状が見られ、またフォローの仕組みも整っている場合は、その支店長、営業所長の「個性」と「マネジメントスタイル」が原因を作っている場合がほとんどである。

　これはよく言われる「部下のやる気は、上司で決まる」という部類に属する問題であり、部下は上司を選べないわけであるから、この問題を放置すると、新たな有望な人材も腐ってしまう。企業トップや営業部門トップが介入して対処しなければならない問題である。

日本電産のフォローの強さ＝「すぐやる、必ずやる、出来るまでやる」

　私の日本電産での経験から話を始めさせていただく。
　日産自動車から日本電産に入ってしばらくして、年度初めの全社経営方針発表会が開かれた。各セクションの役員、部長が、昨年度の業績振り返りを行った後、新年度の戦略・戦術に関する役員、部長方針を発表する大会である。
　多くの会社がこの種の行事を持っている。日産でもこれは行われていた。しかし、日産で行われていた方針発表会とのあまりの違いに驚いた。
　日産では、まず業績未達の分析に精緻華麗なグラフやチャートを用いて、その未達理由の説明に大半の時間を使う。業績未達を踏まえて、新年度にどう戦

うかが大事なのだが、その肝心の方策はほんの付け足しで終わってしまう。

1年が終わると、各「中央省庁」から「白書」が出されるが、その白書は分析に多くの紙数が割かれているのに対し、当時の日産のそれは、白書以上であった。できなかった理由の説明8割、対策2割といった感じである。しかも、敗因の理由の多くを他責に求め、自責の部分は非常に少ない。

したがって、各部門役員は自分の部署に、頭の良い分析家を側に置いて、いかに「なるほど」と思わせる他責要因ストーリーを組み立てさせるかが経営方針発表会用の対策であった。そして大抵は、その頭の良い分析家がどんどん出世していったものである。

しかし、日本電産の経営方針発表会は180度違っていた。

過年度の業績説明はたったの1欄。しかも、〇△×の記号しか振っていない。そして未達、過達の非常にクリアーな説明を簡潔に行った後、大半の時間を、自部門は新年度いかに目標に向かって戦うかの作戦説明に割かれる。できない理由探しに汲々とする会社とは全く違う風景であった。

同じ日本人から成り立っている会社なのに、この「文明」の違い、「企業カルチャー」の違いは、どこから来るのか？　私はその場で深く考えさせられた次第である。

その問題は、第7章と第8章のメインテーマなのでそこで詳しく述べるが、日産自動車と日本電産という、ある意味で性格の全く違う会社を経験してきた立場を踏まえて、ここで1つだけ強調しておかなければならないことは、決めた事柄に対し、未達をしない会社と慢性的な未達病会社との違いは、1つは経営者の「決意（未達をしない体質にしようという思い）」と「マネジメントスタイル」であり、もう1つは組織の中にどれだけ「フォローの仕組み」を組み込んでいるかである。前者は企業カルチャーを創り、後者は社員の日常管理の能力を鍛える。

日本電産の理念として、今日有名になった「すぐやる、必ずやる、出来るまでやる」は、経営者の企業改革への強い思いが込められた言葉であり、「すぐやる」はスピードの文化を、「必ずやる」は必達の文化を、「出来るまでやる」はフォローと徹底の文化を形作ってきた。

日常活動の中に「フォロー」を徹底的に組み込めば、組織はどんどん本質的な対策を考えるようになり、自責に向き合う。しかし、高度な分析をやって立派な計画を作るが、未達に遭遇すると、それに向き合わずに次の計画に逃げて

しまうと、企業はどんどん退化する。

トヨタは50年以上にわたって「方針管理」に基づくPDCAを回し、未達に遭遇すると「なぜなぜ」を5回繰り返して再発防止を徹底する。日本電産は、「すぐやる、必ずやる、出来るまでやる」の精神が組織のDNA化して浸透し、1週間ごとに全社で行うフォロー管理の仕組みが、社員の日常管理力を向上させ、「後戻りしない」体質を作っているのである。

3 週次管理──「ガンバリズム経営」脱却の特効薬

【メソッド2】

▶ 1週間ごとに、その月の月末着地見込みを
全員で議論する。

多くの事例が示すように、営業マンの行動は「月末ダッシュ」型である。その結果、月末未達が避けられない。営業会議も月1回、結果が出始める月末か翌月初めに行われる。内容は、未達の責任追及か原因の探索会議になる。

そして終了間際、上司が「来月はどうするんだ!」とか、「今月はどう立て直すんだ!」と苛立ちの発言をする。そして、営業マン各自が「来月(今月)はなんとか頑張ります」と「宣誓」して儀式的会議が終了する(図表5-7)。

これを毎月繰り返すから、期末に大きな目標未達が積み重なることになる。これではいくら精緻な計画を立てても実行面で砕けてしまう。

この対策は何か? それは、終わってしまってからの月1回、月次で会議を行っていたのを、途中のフォローと対策立案ができる週次会議に切り替えるのである。

管理の頻度が4倍になるから、未達防止の効果ははるかに大きい。1

図表5-7 ▶ ガンバリズム経営の横行

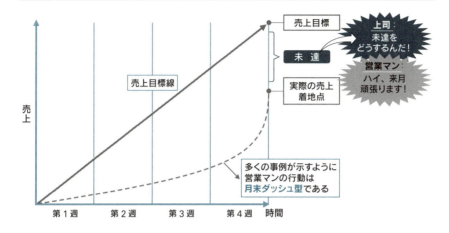

週間ごとに、各自の「月末着地見込み」を営業部門内で侃々諤々やるから、「月末までに頑張ります」などといい加減なことで済ますわけにはいかなくなる。先週言った着地見込みと、今週言った着地見込みが、大幅に狂うようなことが通じなくなる。

　週次管理の効果は、月末着地見込みの精度が格段に上がることと、未達が予想される場合の挽回策の議論が月内に4回できることである。上司と部下のコミュニケーションの頻度も挙げられる。面倒なことは会議を4回やることだけ。かかるコストはゼロ。高価な営業マン行動管理ソフトを入れるよりも、はるかに実益が高い。

　日本電産では、「ウィークリー・リスク会議」と呼んでいる週次会議を、グループを挙げて実行している。だから、月々の計画の達成度が非常に高い。日本電産は、業績の下方修正をしない会社として、機関投資家の間の評価が高いが、それは、月々の達成度が高いから、それを12カ月分集めた年度の達成率が高くなる。だから、下方修正がない会社となるのだ。

　私のクライアント企業の営業部門で、週次管理を導入して、効果の上

figure 5-8 ▶ 週次管理の効果の実例（週次フォローグラフ）

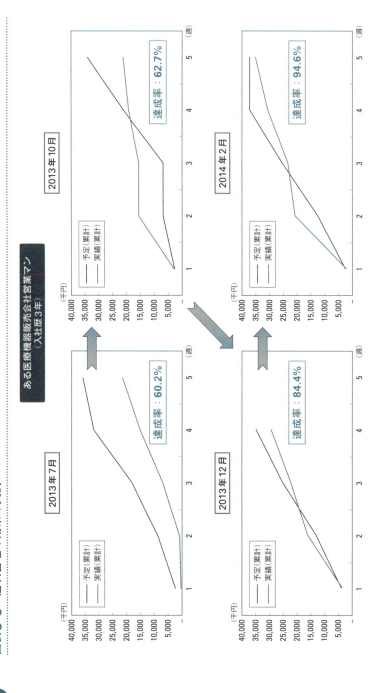

がった実例を紹介しよう。ある医療機器販売会社の43歳の入社歴3年（途中入社）の営業マンが、週次管理の導入後、目標に対する売上実績がどのように変化していったかを記録したグラフで説明する。

　この営業マンの前職はアパレル関係の会社の営業マンであった。したがって、この会社のプロパーの営業マンよりも、人脈や経験、商品知識や業界動向判断の面でかなりのハンデを負っている。

　同社の主要顧客は、病院および小規模クリニックであり、購入決定権者は医師である。医師は1日の大半の時間を患者との診察に割いており、昼休みの30分や午後の休診中のわずかな時間しか面談できる時間がない。そのわずかの短い時間帯に、いかに効果的な営業トーク力と提案力で購入決定に持っていくかが勝負の分かれ目である。

　週次管理導入によって、この会社は今まで月間1本の目標値であったものを、1週間単位の目標値に細分化した。図表5-8でおわかりのように、この営業マンの導入当初の目標達成率は60％台であったが、半年後には達成率が約95％にまで上昇している。

　なぜ半年後にこのような効果が出るのか？　それは上記でも述べたように、1週間経過後に必ず月末の着地見込みを推計し、目標値に届くか届かないかを判断し、届かない場合は、残りの週でどのような営業活動をしなければならないか、常に上司とのやり取り、あるいは自分とのやり取りを行うので、自己管理力が向上するからである。

4 マネジャーの組織マネジメント力強化

　月次、週次管理を強化していくと、どうしても短期の「刈り取り思考」が強くなり、個々の営業マンの個人行動、個人パフォーマンスに支店長、所長の関心が行ってしまう。

　こうなると、会社全体として「チーム」として見る視点が弱くなるた

め、支店、営業所のチーム力が弱くなり、支店、営業所が営業マンの個人商店の集まりのようになってしまう。また、短期の「刈り取り」にマネジャーの関心が行ってしまうと、チーム全体の「マインド醸成」や能力開発という「育成」の観点もお留守になる。

こういう傾向に走りがちなのは、企業の経営トップにも責任がある。営業幹部・役員も参加する月1回の全社経営会議では、数字中心の議論に終始し、過達よりも未達のほうが多いわけであるから、翌月必達の檄がトップから幹部全員に飛ぶことになる。

これを受けた支店・営業所の末端では、未達のギャップの穴埋め作業に追われ、マインド醸成や育成などの、すぐには役立たない「悠長な」問題はどこかにいってしまう。

会社の中が、本社から始まって末端の営業所に至るまで、「数字！数字！」の毎日になると、営業という組織は「人」の集まりであり、「数字の管理」だけでなく「人間の管理」が両立しなければならないのに、「人間臭さ」が身上の営業部隊から「人間の問題」が消えてしまう。営業所長の役割は、さながら営業マン個々人から申告させた有望案件の「漁り」作業に没頭する刈り取り屋になってしまう。

業績悪化に追われてその対策に汲々とするのは、何もビジネスの世界だけではない。スポーツの世界でも、この問題は日常茶飯事の出来事である。

しかし、スポーツの世界では、負けが込んでくると、選手個人の問題に解決を託すことはしない。必ず「チーム力」の立て直しを、監督もコーチも最優先で行う。プロ野球でもラグビーも、サッカーしかり。個人スポーツの世界とは違うチームスポーツの世界では、チーム力が最大の管理項目である。

他方、会社の世界、営業の世界では、一部の優れた会社を除いて、「チーム力を上げて、それから次に『個人力』を引き出す」ことに視点が行かず、相変わらず「個人からダイレクトにどうやって力を引き出

すか？　絞り出すか？」が最大の管理項目になってしまっているのが現状である。

4-1　マネジャーのチームマネジメント①——短期対策

【メソッド3】

▶ **チームメンバーの売上高のパレート図で短期の上・中・下位打線の対策を考える。**

　野球でチーム力を考える場合、まずどういう視点で物事を考えるだろうか。一番最初の分析は、上・中・下位打線のパフォーマンスに焦点を当てるのではないだろうか。「最近、上位打線が湿っている」とか、「ここにきて中・下位打線が爆発してきた」などのおなじみの分析である。

　これと同じことを営業所のチーム力の把握の第一歩として行う必要がある。営業所の全営業マンのパレート図を作成することだ（図表5-9）。

　今までパレート図はすべて顧客分析のために作成してきたが、ここでは自社の営業所の営業マンのパフォーマンス分析に使う。このパレート図によって、XYZ営業所のAゾーン営業マンは4人、Bゾーンは2人、Cゾーンは4人であることがわかる。

　野球でいえば、Aゾーン4人は上位打線、Bゾーン2人が中位打線、Cゾーン4人が下位打線ということになる。つまり、この営業所の成績の8割は、上位打線のAゾーン営業マンの4人によって決まることがわかる。

　したがって、この営業所が営業成績で、この先苦戦が予想される場合に、営業所長が短期の速攻対策として打つ手は、このパレート図から引き出される。つまり、上位打線であるAゾーン営業マンに特別対策を施し、さらにヒットを量産させることを狙うわけである。

　短期に売上高が欲しい拠点長としては、中・下位打線に手をつける以

図表5-9 ▶ XYZ営業所の営業マンの売上高のパレート図

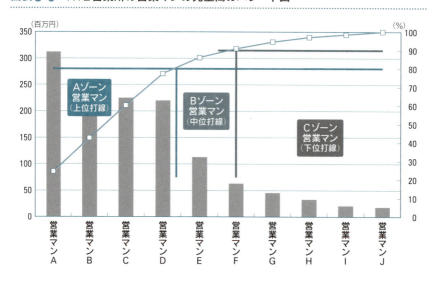

上に、上位打線の潜在力を表に引き出させ、売上高のカサ上げを狙うことのほうが重要だろう。

【営業所長が短期業績向上対策として打つべき手】
① 普段の売上の8割を決定しているAゾーン営業マンを特別の管理体制に置く。
② 特別の管理体制とは、訪問活動、提案活動、案件フォロー、引合い・受注活動を特別に強化し、提案活動に用いるパンフレット作成などは通常とは異なる強化版を作り、そのためには社内の専門部署も動員して行う。それによって出てきた有望案件については、技術部署や経営上層部の同行訪問などを加えて、短期に受注につながる活動を行う。
③ 営業所長によるAゾーン営業マンに対する同行訪問を普段以上に強化して行う。

4-2 マネジャーのチームマネジメント②——中・長期対策

【メソッド4】

▶ 売上高×営業経験マトリクスとWILL/SKILLマップでチームマネジメント力を深める。

パレート図によって営業所のチームパフォーマンスを明らかにし、短期対策に役立たせた後は、次の2つの見える化図表によって、営業所のチーム状態を見える化し、中・長期の対策(営業マンの育成)に役立たせる。

◆ 売上高×営業経験マトリクス

前項で作成したパレート図を使って、図表5-10のようなマトリクス表を作成する。縦軸に売上高の小・中・大のマスを作り、横軸に営業経験に応じて、新人/若手・中堅・ベテランのマスを作る。これによって、パレート図ではわからなかった組織の構成員の間のバラツキが明らかになる。

このマトリクス表からわかることは、以下のとおりである。

① 売上高が2極分解している。Bゾーン営業マンの売上高は、Cゾーン営業マンと大差ないため、この営業所の問題点は真の中位打線がいないことである(縦方向の問題点)。
② 営業所の屋台骨となるべき中堅営業マンにバラツキがありすぎること。そして、問題は売上の中位を担う中堅がいないこと(縦方向の問題点)。
③ 売上高の小のゾーンで横方向にバラツキがあること。新人/若手の「小」は仕方がないが、中堅、ベテランの3名はあまりにも低パフォーマーである(横方向の問題点)。

図表 5-10 ▶ 売上高×営業経験のマトリクス

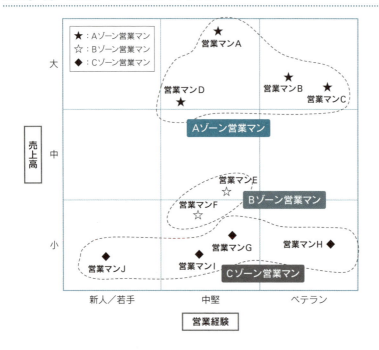

　ここでの作業は、以上の分析にとどめて、次のWILL/SKILLマップの作成に進む。

◆ WILL/SKILLの見える化マップ

　中長期の営業マン育成対策用としては、もう1つマップを用意しなければならない。WILL（やる気）/SKILL（技能）マップと呼ばれるものである。

　なお、このWILL/SKILLマップは、形の上では、有名なボストン コンサルティング グループ（BCG）の「事業ポートフォリオ・マトリクス」に似ているので、WILL/SKILLマップの各象限にBCGにならって名前を付けて類別化し、かつそれぞれの営業マン強化対策を添付した（図表5-11）。

図表5-11 ▶ WILL/SKILLマップとグループ別特徴・対策

問題児
- SKILLはあるが、WILLが欠けているグループ
- このグループの営業マンが今以上に売上を伸ばすには、ほぼどの自己変革が必要となる

金のなる木
- WILLもSKILLもあるベストの組合せの領域
- ここに属する営業マンは営業所の機関車であり、この領域の営業マンが多いほど営業所の業績は高くなる

負け犬・枯れ木
- WILLもSKILLも失っているグループ
- 組織の「お荷物」となっている場合が多い
- SKILLアップに最後の望みを託して再チャレンジさせることで、なんとか復活を図らせる

将来の成長株
- WILLは高いがSKILLに問題があるので、売上が伸びないグループ
- WILLを伸ばすのは難しいが、SKILLは訓練によって上げることはできる
- SKILLアップに成功すれば、将来営業所を牽引してくれる

対策（問題児）
- WILLの向上は個人の意識改革に依存する部分が大きいので、改革が難しいグループ
- 営業所長の1対1の向合いやコミュニケーション強化や同僚との内部競争を仕掛けるなどの方法でWILLに火をつける

対策（負け犬・枯れ木）
- このグループの営業マンを変身させるのは、一般的にはさわめて難しい
- まず、SKILLを強化し、成果の出やすい特定顧客を担当させて、小さな成功体験を重ねさせ、WILLが芽生えるのを待つ

対策（金のなる木）
- このグループは営業所の「機関車」なので、大事に育てて、さらなる強化を図る
- 新規開拓もこのグループに率先させ、将来の発展を図る
- 営業所として、緊急に売上が欲しい場合は、このグループに有望顧客を割当て販促資金を重点配分して、引合い案件の即決体制で臨む

対策（将来の成長株）
- 対策の難しいWILLは高く、対策の容易なSKILLのみ問題なので、SKILL教育に特化して、早期の強化を図る
- ロールプレインングやベテラン営業マンの同行指導などの速攻訓練で、早く「金のなる木」にさせる

SKILL 高い / 低い
WILL 低い / 高い

第5章 営業強化 フォローのメソッド

図表5-12 ▶ XYZ営業所のWILL/SKILLマップ

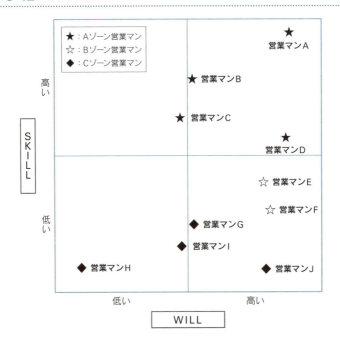

　この対営業マン対策は、一般的、標準的な対策として私が考えているもので、実際の現場では個別企業の実情に応じて、より突っ込んだ具体策を考えなければならない。

　それでは、先ほど作成した「売上高×営業経験 マトリクス」をベースにして、各営業マンのWILL（やる気）とSKILL（商品知識や提案力、人脈力）を推し量ってマップの中にプロットしてみよう（図表5-12）。

　このマップのバラツキ状況から判断して、傾向としては、以下の4つに類別できることがわかる。そして、先ほど類別化したマトリクス表（図表5-11）に書き込んだ一般的、標準的な対策を参考に、具体的な対策の方向を導き出す（図表5-13）。

図表 5-13 ▶ XYZ営業所のWILL/SKILLマップと対策層別化

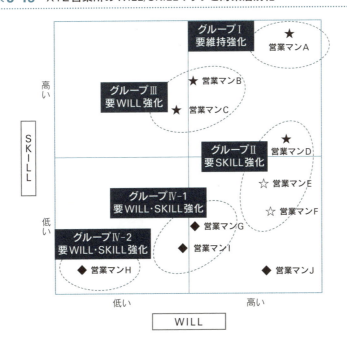

◆ 4つの傾向と対策の方向性

| グループⅠ　WILL：○　SKILL：○ |

【対策】

- WILL/SKILL維持・強化
  - 普段から営業所長のきめ細かな指導を欠かさない。
  - 新規開拓を率先させる。
- マネジメント力強化
  - 将来の所長候補予備軍なので、部下をつけてマネジメントスキルを学ばせる。

| グループⅡ　WILL：○　SKILL：×〜△ |

　一般的にいえば、個人の属性であるWILLを組織として上げさせるのは難しいが、SKILLは訓練によって、いかようにも改善できる。

【対策】
- SKILL強化メニューによって短期の改善を図る
  - ①ロールプレイング
  - ②所長・ベテラン営業マンの同行指導
  - ③個別案件を受注させる切り口指導

| グループⅢ　WILL：×〜△　SKILL：○ |

　このグループに属する営業マンは、古参（ベテラン）営業マンに多い。また、売上面では意外にAまたはBゾーングループに属する営業マンが多い。年の功で、SKILLの積み重ねはできているが、今ひとつ、やる気を失っているグループだ。
　長年の実績から有力な固定客をつかんでおり、そこそこの売上はもたらしている。営業マンサイドもそれほど苦労しなくても売上は上げられ、組織の中でも、それなりに上位の位置を確保できているので、行動はマンネリ化しており、WILLも伸び切っている。

【対策】
　個人属性であるWILLに問題があるので、改善指導に難しさがある。改善メニューとしては、次のものの中から本人の実態に合ったものを選ぶ。

● 改善メニュー例

①本人の得意市場（顧客）、得意商品に的を絞った営業活動にシフトする。
②所長の1対1の指導を強化し、やる気に刺激を与える。
③内部競争を仕掛けて、やる気に火をつける。
④思い切って部下をつけてみる。部下指導に生き甲斐を見出して、マインドが向上する場合がある。

グループⅣ　WILL：×〜△　SKILL：×〜△

　このグループに属する営業マンは中堅から古参（ベテラン）層に散見されるパターンである。両方とも低位なので最も対策が難しいグループだ。成績が悪いので、本人も組織から浮いており、所属長も対策が難しいこともあって、1対1のコミュニケーションもない場合が多い。
　特にグループⅣ-2に属する営業マンは、WILL、SKILLとも過度に低水準であり、本人の特性をよく見極めたうえで、拠点長の粘り強い教育、指導が必要である。

【対策】
　久しく成功体験がないため、WILLが負のスパイラルに陥って、そこでもがいている。WILL改善の前にSKILL改善に最大の力点を置いて指導する。ただし、WILLが伴わないSKILL改善なので難しさはあることを承知で根気よく行う。まず、小さな成功体験を積ませることが浮上のカギである。

● 改善メニュー例

①ロールプレイングを「毎日」実施する。
②地域業種や商品を絞った行動により、自信をつけさせる。

図表5-14 ▶ XYZ営業所のWILL/SKILLマップ（改善軌跡）

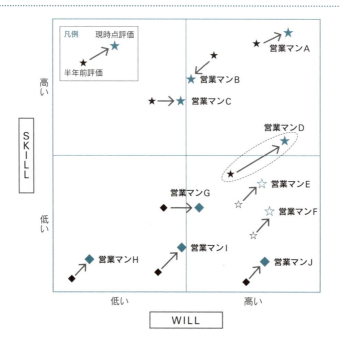

このようにしてSKILLが向上し出したら、WILL改善に取り組む。

◆ WILL/SKILLマップの改善軌跡

　上記の対策によって、各営業マンのWILL/SKILLが改善した場合は、これをWILL/SKILLマップに記入して、Before/Afterの軌跡がわかるようにしておくと、各営業マンの成長の状況がよくわかる（図表5-14）。なかには営業マンBのように悪化したケースもある。

5 個人別管理──チーム内の個人の成長軌跡をカルテ化する

　私は本書の中で、たびたびスポーツの世界の事例を引用してきた。

　最近のスポーツの世界での快挙は、2015年ラグビー・ワールドカップ、ロンドン大会での日本チームの戦績であろう。世界ランキング3位（当時）の南アフリカ代表から逆転勝利し、「史上最大の番狂わせ」を演じた。

　実は、この勝利の裏では、選手1人1人のデータ管理が世界一のレベルにあったことが貢献したといわれる。

　これまでスポーツの世界では、直感や経験がものをいうとされ、監督やコーチのカリスマ的采配力が尊重されてきた。しかし近年、スポーツの世界へのデータ分析の活用は著しい。選手のパフォーマンス改善や試合の勝敗に、データ管理は切っても切れないものになりつつあるという。

　スポーツのデータ分析といえば、古くは、野村克也氏がヤクルトスワローズの監督時代に提唱した「ID野球」を思い浮かべる人は多いだろうし、また最近では、女子バレーボール日本代表監督の眞鍋政義氏がiPadを片手に試合会場で選手采配する姿は、テレビで新鮮な印象を与えている。同監督のデータ管理のコーチングは、ロンドン五輪で日本に久しぶりに銅メダルをもたらした

　また、2011年公開のブラッド・ピット主演の映画「マネー・ボール」では、野球におけるデータ分析の有効性を際立たせた異色作であろう。当時、弱小のため有力選手をスカウトできなかった貧乏球団のアスレチックスが、「セイバーメトリクス」と呼ばれる選手のパフォーマンスや戦略をデータで分析する手法を駆使する専門家の貢献によって、経営危機に瀕した球団が強いチームに変身していく姿を描いている。

本章の最後は、「フォロー」を個人のデータ管理の領域にまで落し込むことである。フォロー自体、ルーチン化している企業が少ないことは、前述したとおりであるが、スポーツの世界では重要視されている「個人データ管理」を、営業の世界に応用している企業はさらに少ない。逆説的にいえば、他社がやっていないからこそ取り入れて、他社ができない強いチーム作りをめざすべきではないだろうか。

5-1　個人別管理を進めるうえでの要点

　以下で述べていくフォローの最終コーナーである「個人別管理」の要点を挙げて、論を進めたい。

◆ **成果（アウトプット）と育成（インプット）の２つの側面でマネジメントを行う。**
　組織全体（営業所全体）での月次・週次管理では、どうしても成果の刈り取り管理（アウトプット管理）が中心になり、成果を上げさせるための育成（インプット）はおろそかになることは前述した。個人管理では、成果を上げさせるためには、どのような育成が必要かを重要ポイントにする。マネジメントの視点は「刈り取り」より「育成」である。

◆ **部下の成長の「火ダネ」を見つける。**
　営業マン個人の内面に焦点を当てると、営業マンは１つには、常に組織（集団）からのプレッシャーを受けている。外から受ける重圧は相当大きい。未達が続くと精神的な負担感はさらに大きくなる。
　一方で、もう１つは、その組織の中で、なんとかして成果を上げたいという自己実現の意欲にも燃えている。この２つの間を行ったり来たりして毎日の営業活動に勤しんでいるわけである。
　組織の長は、その個人のWILL/SKILLをよく観察し、どうやったら本人が伸びるかという「育成」の観点から個人を指導する必要がある。

◆ 小さな成功体験を積ませ、「鉱脈」を嗅ぎつける能力を身につけさせる。

　成果の上がらない（いわゆる「うだつの上がらない」）営業マンを平均以上の営業マンに変えるには、「小さな成功体験」を積ませることである。

　トップクラスの営業マンは、顧客企業の問題点は何であり、どういう提案をすれば顧客に「刺さる」かを天性的な直感で「問題形成」できる能力が高いため、大きな売上を上げることができる。

　しかし、普通以下の成果の上がらない営業マンは、「訪問→商談（問題の探索）→提案」のルートの中で、顧客の中に眠っている「鉱脈」を見つける能力が低いため、成果が上がらないのである。

　しかし上司が、営業マンの問題探索のレベルをよく観察し、ちょっとしたポイントを授けることで、営業マンが鉱脈の匂いを嗅ぎつける能力を獲得する場合がある。これによって件の営業マンは今まで味わえなかった、小さいけれども将来が開けそうな成功を体験する。そして、この小さな成功体験の連鎖が自信につながるのである。

　私はクライアント企業の中に、1年間で売上が2倍になった「うだつの上がらなかった」営業マンの例をいくつも見ている。

◆ もっとコミュニケーションを！

　ほとんどの企業の営業現場の最大の問題は、「コミュニケーション不足」にある。上司は部下の「コンサルタント」をめざそう。

　これから述べる「個人管理」では個人に焦点を当て、「個人カルテ」を作成し、個人を育成するメニューを作ることを主眼とする。それは個人ごとに変えたメニューでなければ、本当のコーチングにならないからである。

　「気分の良い部下は、良い成果を生む」という言葉がある（ブランチャード／ジョンソン『1分間マネジャー』）。上司の役割は、成果未達にプレッシャーをかけるのではなく、個人の未達の回路をよく見て指導し、営業マンを気持ちの良い人間に変身させることだ。

営業所長にとって、営業マンは会社から与えられた「人財」という「財産」である。この財産をどう育てるか、どう殖やすかが所長の使命である。つまり所長は、営業マンという財産を管理する「アセットマネジャー」なのだ。

　営業マンを自分の財産と考え、そこからどうやって成功を導き出させ、財産を殖やすかをいつも考えるマネジャーと、プレッシャーをかけて問題を指摘するだけのスパルタ型のマネジャーとでは、部下の成長度合いは1年も経たない間に大きな違いが生じる。

　「管理している部下の顔を1人1人、1日のほんのわずかな時間でいいからチェックしよう。そして、部下こそ最も大切な財産であることを、肝に銘じよう」（同書の「まえがき」より）。

5-2　個人別管理の手順①──強み・弱みを把握する

【メソッド5】

▶営業マンの個人別レーダーチャートで個人の強み・弱みを見える化する。

　図表5-15は、私のクライアント企業で採用しているレーダーチャートである。8項目の評価軸から成るレーダーチャートを使っている。これだけあれば、1人の営業マンの能力・資質はだいたい判断できる。そして半年ごとに評価を行い、その改善状況をレーダーチャート上に記してある。

　このレーダーチャートは営業マンD君のものであるが、個人別管理が功を奏して、半年間でかなりの向上を示していることがわかる。これによって、先ほど示した「WILL/SKILLマップ」上でも、その改善軌跡がうかがえる（図表5-14参照）。

　この会社では、このレーダーチャートを人事評価にも使っている。以

図表 5-15 ▶ 営業マンの個人別レーダーチャート

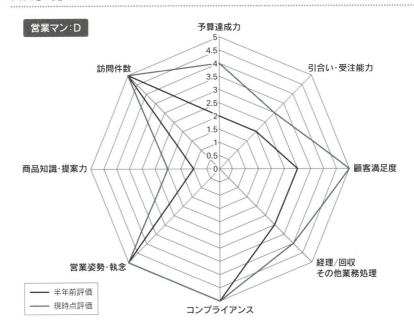

前は人事考課に20～30もの評価項目を設けて評価していたが、それをやめてこのレーダーチャートに切り替えた。

そもそも人を見るのに、20も30もの視点が必要だろうか？　その人物を見ることができる観点はせいぜい10前後であろう。20も30も評価項目を設けていては、評価の焦点がぼけてしまう。こういう評価項目をたくさん並べたがる人事は多いが、これは人事部門の自己満足にすぎず、人事部門が人を評価できないことを自らさらけ出しているようなものである。

◆ 営業所全体のレーダーチャート

個人のレーダーチャートを作ったならば、図表5-16のように、それ

図表5-16 ▶ 営業所全体の比較レーダーチャート

第5章 営業強化 フォローのメソッド

を全員分並べてみよう。そして、当該対象の営業マンがどのポジションにいるかを見る。今回のケースは営業マンD君なので、そこに着目する。これによって、上司は自分の改善指導の進み遅れを判断することができる。また、個々人のレーダーチャートの多角形の面積を計算し、面積の大きい順に並べて、人事評価の序列の参考にしてもよい。

5-3 ▶ 個人別管理の手順② ── 活動軌跡をまとめる

【メソッド6】

▶ **営業マンの個人別カルテで活動軌跡をデータベース化する。**

どの会社の営業部門も目先の営業ノルマを追いかけるのに精一杯の毎日。営業マンも目先の案件の獲得に必死である。

だから、自分の持ち顧客が何社あるか、A、Bゾーン顧客は何社あるか、自分の訪問件数、引合い率、受注率はこの半年どういう変化をしてきたか、売上計画達成率はこの1年改善したのか、しなかったのか──。

こういったストックデータは、営業マンの活動軌跡を表す重要なものであるが、会社も営業マンも短期思考に走っているので、ついついないがしろにされる。ないがしろにされるどころか、残していない。そして常に「今」の状況だけで勝負する。

こういう「その日暮らし型」の管理（マネジメント）では、営業マン自身の自己管理もできないし、営業マネジャーの組織管理もおぼつかない。

スポーツの世界、特に個人種目の水泳にせよ、陸上にせよ、有力な選手はみな、過去からの練習記録の詳細なノートを貯めている。そして、それを見返しては、次の改善テーマを見つける努力を自分自身で行って

いる。

　では、その日暮らし型から脱却するにはどうしたらよいか？　それには、図表5-17のように、営業マンごとの「データカルテ」を作り、マネジャーは週次管理や月次管理ごとにそれを持ってこさせて、内容を参照しながら営業マンと作戦を練ることを、倦まず撓まず続けるのである。

　およそ、カルテを持たないお医者さんはありえないが、「個人情報」の記録を持たない営業マン、営業マネジャーはあまりにも多い。ここから皆さんは脱却することをお勧めする。

　私のクライアント企業のマネジャーには、2種類のタイプがいる。私が個人カルテの提案をすると、その意味合いを理解して前向きに取り組むマネジャーと、面倒くさがって熱心な反応を示さないマネジャーである。後者のマネジャーのほうには、私は次のようにお話しすることにしている。

　「あなたの会社の工場では、ちょっとした設備については全部、詳細な稼働状況や修理履歴をつけているでしょう？　それは設備が財産であり、財産管理の観点から行っているのですよね。営業マンも、実は大事な財産です。その記録をきちんとつけて、マネジャーとして真摯に向き合うことによって、マネジャーの人を見る目、マネジメントのスキルも見違えるほど変わります。また、その記録を次のマネジャーに引き継ぐことで、属人的なマネジメントから脱却することもできるのです」と。

◆ **個人カルテに収録するデータ資料**

　収録するデータは、その企業に即したものでよいが、私がクライアント企業で薦める内容は以下のものである。これらのデータは、冒頭で触れたスポーツの世界で使われているデータ分析のような高度なものではない。あくまでも営業マンの数年間の活動をトレースしたものである。

図表 5-17 ▶ 個人管理用カルテ

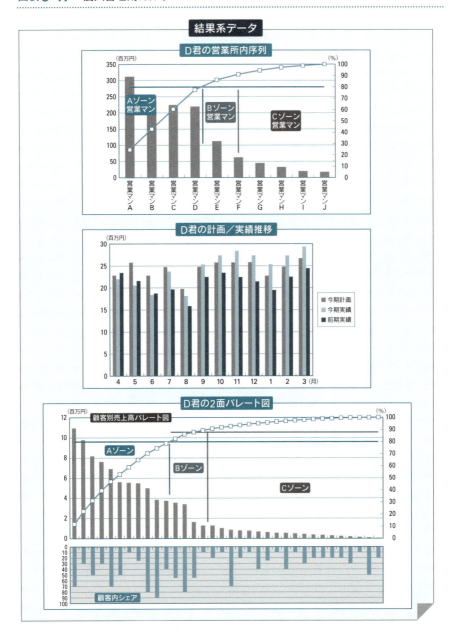

要因系データ

営業マン 能力・資質レーダーチャート

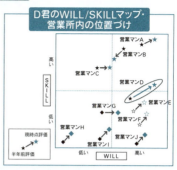

D君のWILL/SKILLマップ・営業所内の位置づけ

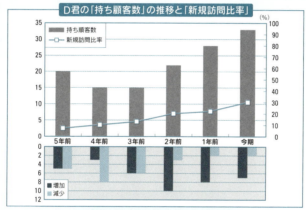

D君の「持ち顧客数」の推移と「新規訪問比率」

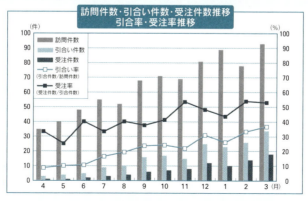

訪問件数・引合い件数・受注件数推移
引合率・受注率推移

(1) **結果系データ**
　①営業マン別売上高パレート図
　②計画／実績推移
　③２面パレート図（顧客別売上高／顧客内シェア）

(2) **要因系データ**
　①レーダーチャート
　②WILL/SKILLマップ
　③持ち顧客数推移
　④訪問／引合い／受注推移

第 6 章

コストダウンと
利益創出のメソッド

1　コストダウンへの2つの視点

　私が最近感じている経験談から申し上げると、多くの中小企業の経営者の皆さんのメンタリティーは、
「もうコストダウンはやり尽した。中国や東南アジアの製品が安い、安いといっても、あれは人件費が安いのであって、コストダウンの手法はわが社も含めて、まだ日本企業のほうが上だ」
「これから中国の人件費が上がってくるから、もう中国はそう怖くはない」
「コストダウン、コストダウンというのは、昔の日本経営の課題、これからの企業経営はコストダウンにこだわった経営をやっていては時代に取り残される。これからはビジネスモデルの再構築やM&Aが経営のカギになる」
といった感じだろう。こういった「コストダウンはもういいんじゃないの」症候群に陥っている経営者の皆さんが結構多いのを目にする。
　しかしながら、たとえば今世紀初頭以降、急速に事業を伸ばし、既存航空会社をしのぐ利益をあげてきた格安航空会社の例を見てみよう。既存航空会社が大型機の投入過多で経営がにっちもさっちもいかなくなっ

たのを尻目に、常識外れの低価格で業界に乗り込んできたわけだが、それを可能にしたのは、機体稼働率（製造業の設備稼働率に相当）の極限までの向上と、チマチマ積上げ型の徹底したコストダウンである。

また製造業の雄、トヨタ自動車の例を見てみよう。同社はリーマンショックによってリーマン前の2008年3月期に過去最高益2兆2703億円から一気に▲410億円と60年ぶりの赤字に転落したが、それ以降の目ざましい回復を可能にしたのは、2009年末からグループを挙げて展開した従来比3割のコストダウンを目標にした「RRCI（良品・廉価・コストイノベーション）」運動であった。

従来のコストダウンは材料費、変動費中心のものであったが、固定費を含めた「聖域なき」原価低減を徹底したのだ。これによってトヨタ本体は、4年間で1兆3000億円のコストダウンを手にしたという。

日本電産においても、第1章で紹介したように、過去リーマンショック、タイの洪水による主力工場の水没、パソコン時代の終焉といういくつもの経営リスクをV字回復で乗り越えてきたが、これらはグループを挙げた徹底したコストダウンの展開によるものであった。

日本電産の「Wインカム経営」

第1章で紹介した日本電産の、リーマンショック以降数年間の利益の、V字回復状況を示す図表1-13を思い出していただきたい。このグラフは、日本電産の日本電産たるゆえん（「凄みの経営」）を最も雄弁に物語るものである。

注意して見ていただくと、利益のV字回復と並んで売上もシャープな伸びを示していることがおわかりいただけるだろう。これはコストダウンによって、製品の価格競争力が飛躍的に上がり、それが営業の戦闘力を引き上げるからである。もともと日本電産の営業力は、業界でも定評があるが、コストダウンに

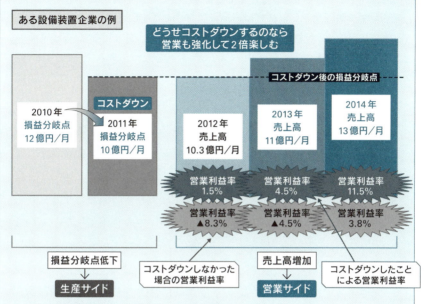

図表6-1 ▶ Wインカム作戦

よってさらに営業を戦いやすくするわけである。

　この日本電産のコストを下げて利益を増加させ、売上も伸ばすWインカム経営は、これからの中小企業経営を考えるうえで、示唆に富むものであると思われる。

　2030年半ば以降から急速に進む人口急減化によって、大企業も中小企業も熾烈なサバイバル競争下に置かれる。当然、競争によって市場価格は下がっていくだろう。価格下落に耐えられない企業は市場から退場せざるをえない。

　計算すればわかることだが、毎年売価が5％ずつ下がれば、5年後には売上は4分の1下がり、10年で4割失う。売上が4分の1減少すれば大抵の企業は損益分岐点を割り込み、赤字転落は必至となる。

　したがって、これからの経営にコストダウンはマストの項目である。しかしながら、市場価格対応型の防衛的コストダウンでは、他社も同じようなことをするであろうから、業界内の競争条件は変わらない。それではなく、競争条件

第6章　コストダウンと利益創出のメソッド　195

を飛躍的に有利にする攻撃的コストダウンが必要である。

　図表6-1は、ある設備装置企業で日本電産型の「Wインカム作戦」を行った例である。同社では、生産サイドが損益分岐点を1年間で約20％下げる運動を展開したことを契機に、営業強化も行ったことで、営業利益率の飛躍的な向上に成功している。

　本章では、古くて新しい課題である「コストダウン」手法について論じるが、本章の内容は、今までコストダウンに関する多くの書籍を目にしてきた読者からすれば、違和感のあるものかもしれない。現場の生産性向上や製造工程の改善、たとえばセル生産方式や一個流し生産といった事柄は扱っていないし、現場管理者向けのノウハウ集にもなっていない。

　以下で紹介するコストダウン手法は、そういった「ミクロ」的な視点ではなく、「マクロ」の視点、言うなれば、経営者や工場長が利益創出のために取り組むべき仕組みやフレームワークといった「工場経営学」的視点からまとめてある。

　その場合に取り上げる事例は、日本電産グループ各社で行われているものである。これらは、書籍やビジネス誌を通じてほとんど外部にオープンにされているものであるが、本書では、中小企業経営者・管理者の方々が取り組みやすい切り口でまとめることを試みた。まとめるにあたって留意した視点は次の4つである。

①イベント型のコストダウン活動ではなく、コストダウン活動が組織の中にビルトインされ、利益創出が自律的にできる仕組みをどうすれば作れるか、という視点で考える。
②時間という軸でものを考える。
③会社全体をコストダウン「熱中集団」に転換する仕組みを考える。

④「粗利」問題を新しい切り口であぶり出す。

①については、抜本的なコスト削減（利益創出）を考える場合に、重要な問題である。何かに迫られて、たとえば急激な収益低下というような事態に陥って、全社運動を始めるといったイベント的、スポット的にコストダウン活動を行う企業もあれば、組織体制の運営そのものが、コストダウン思考、利益創出思考になっている企業もある。

後者のほうが競争上非常に有利な立場に立てることはいうまでもない。この点で日本電産は、企業活動のすべてが利益に収斂される組織体制（後者のタイプ）をとっており、コストダウン思考、利益創出思考が体質化するという利点がある。これは、後段で詳しく述べていきたい。

2 機能別組織のコスト管理

2-1 機能別組織が利益管理に不向きな理由

そもそもコストは、業務活動の結果として発生する。社内の各業務組織は、日々発生したコストデータを、業務ルーティンに従って下から上へとあげていく。経理部門での損益計算のために必要だからである。これが機能別組織の日常の姿であり、社内組織のほとんどがラインもスタッフも「コストセンター」である。

利益は収益からコストを引いたものだが、自分の部署のコストはわかっても、そのコストでどれだけの収益を上げたのか、はわからないし、わかる必要もない。自分の部署の役割は、決められた予算をオーバーしないように、コスト管理をすることだからである。

こうして各部署からのコストデータが経理によって集められ、売上データが営業から報告されて、やっと経営的に最も重要な利益が把握さ

図表6-2 ▶ 機能別組織は「コスト」を把握する組織である

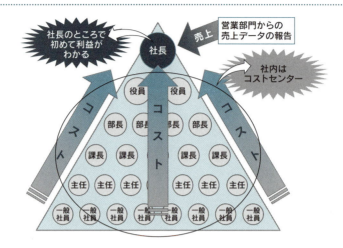

れる。把握される時点は、月末または期末。把握される場所は、ヒエラルキーの最高ランク、社長のポジション。すなわち、機能別組織では、利益はデータの終着駅である社長のところでしかわからないのだ。これを表したものが図表6-2である。

　機能別組織体制をとっている企業の1つは、トヨタであろう。

　トヨタといえども、機能別組織はコストセンターである点は変わりはない。したがってトヨタでは、機能別組織の弊害（縦割り意識が強い）を除去するために、1960年代の初めから「機能別管理」という独特の方式で全社を運営している。

　これは、全社を品質、原価、技術、生産、営業、人事・事務の6つの機能に分け、機能別の担当役員を置いて、その下に横串の6つの各組織（委員会）を設けて、管理していくものだ。タテ・ヨコの関係で漏れのない組織運営を図るもので、一種のマトリクス組織である（図表6-3）。

　全社のコストは、原価機能委員会が管掌し、部門予算も組まれて、その予算が縦系列の各部課に割り当てられる。そして、達成度管理がなさ

図表6-3 ▶ トヨタの機能別管理の仕組み

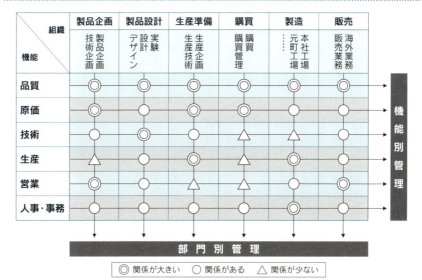

出所：青木茂「トップマネジメントとしての機能別管理」。

れる仕組みである（日野三十四『トヨタ経営システムの研究』）。

　しかし、それでもその体制でできるのは、「コスト管理」であって「利益管理」ではない。もちろん、トヨタのコスト管理はコストを全社横断で見るという機能別管理という横串機能を組み込んでいるので、通常の機能別組織よりはコスト管理のレベルははるかに高いが、組織自身が利益創出型になっているわけではないので、組織の自律性という観点では限界があるといえるだろう。

　またマトリクス組織は、1つの部署がタテとヨコの2つのトップを戴くことになるので（2 Boss体制）、1つの部署長が二君にまみえることになり、一般的には、実際の運用面で非常に難しい点がある。

　トヨタがこの方式で成功しているのは、50年もこのやり方を使いこなしてきたからこそできるのであって、このような組織形態で、「トヨ

タのような厳密な運営ができている企業は少ない。やっていても実態は、単なる『混成チーム活動』であったり、一時的な『プロジェクト活動』で運営されていることが多い」（日野、前掲書）ようで、中小企業が直ちに使えるものではなさそうである。

一方、コストダウン・利益創出思考の強い日本電産では、どうであろうか。

日本電産も長らく機能別組織体制をとってきたが、その組織の問題点を「事業所制」という独自の仕組みを加えて、組織全体が利益志向になるように優れた工夫をしている。

私自身は、日本電産グループ会社の再建作業で、このやり方を実際に使ってみて、短期間に会社を利益創出型に変えることができる点で、非常に優れた方式であると思っている。

したがって、私としては、トヨタのようなマトリクス組織の難しさに比べて、運用のしやすさと、方式自体が単なる「コスト管理」だけでなく「利益管理」ができるという点で、お勧めしたいメソッドである。この点については、次節で、その特長に触れたい。

2-2　機能別組織の2つの問題点

機能別組織をとる会社の「予算計画」と「予算管理」の典型例を模式図的に図表6-4に示した（予算配分の％は売上高に対する比率を表す）。

予算計画が仮に正しいとして、問題は実行段階に入ってからの予算管理である。売上およびコストの管理面で、機能別組織は、以下に示したような問題点を抱える。

売上：よほど強い営業力を持たないと、常に「未達病」に悩まされる。

コスト：①コスト発生の大部署の工場が、利益に不感症になりがち

図表6-4 ▶ 機能別組織の予算管理の問題点

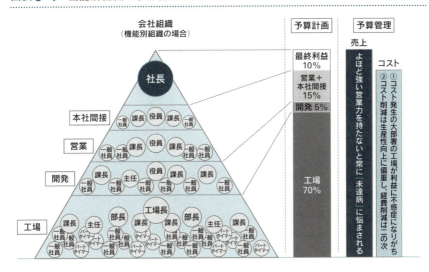

②ものづくり企業では、コスト管理は「生産性向上」が中心で、真剣に取り組んだら効果の大きい「経費削減」は、ウェイトが低くなりがち

上記で示したコスト管理における問題点を詳しく述べる。

◆ 工場は利益創出に不感症になりがち

　工場の普段の仕事、たとえば生産活動の目標値や実績は数量やパーセントで表され、利益（お金）ではないので、どうしても大集団全体がお金の問題に不感症になりがちになる。生産実績は数量で捉えられ、不良も率で表示される。この2つともお金では表示されない。

　逆説的にいうと、もし営業部門の実績把握がお金ではなく数量で表示されていたらどうなるか？　営業部門に利益意識がなくなることはいうまでもない。

◆ コスト削減活動は生産性向上が中心。削減効果の大きい経費は二の次になりがち

　ものづくり企業では、コストダウンの最大のネタは、現場の「生産性向上」だという固定観念があり、「経費」は他部署にまたがり、複雑多岐で、かつ１つ１つが細かすぎて一律管理が難しい、と見なされ、手つかずになりがちである。

　第１章で日本電産の販管費率が常に一定であるグラフ（図表1-14）を紹介したが、それを思い出していただきたい。これは、日本電産がいくつものM&Aをして会社を大きくしているので、そういう会社をいくつも抱えると、売上は上がるが、M&A当座は販管費の高い会社も多数あるので、連結ベースの販管費率は上昇するはずだ。それが日本電産では、グループ販管費率が常に一定であることを紹介した件で掲載したグラフである。

　これはグループ内で、販管費という経費の管理が非常にうまくいっている証拠だ。別の言い方をすれば、経費管理が重要な「管理項目」になっているということである。

　日本電産では、経費をコストダウンの財源として重要視しており、削減目標が決まっている。その基準は、「経費を売上１億円当たり500万円以下に抑える」というものである。つまり、売上高比率で５％以下だ。

　通常の会社は、経費比率が10％以上であることがザラなので、ここで５％以上のコストダウンが図れることになる。しかも経費削減は、会社を挙げて取り組めば効果が早く出る。生産性向上で売上高比（製造原価比ではない）で５％を達成するのは結構大変な仕事である。しかし、経費の売上高比５％化は、やる気になればできない項目ではない。

　営業利益率が５％も向上するコストダウンなど、そうめったにあるものではない。だから日本電産では、「経費削減」にがっぷり四つに取り組むのである。他社よりもコストダウンで差をつけたかったら、他社が

力を入れない「経費」で徹底した活動をすればよいのである。

3 日本電産の利益志向経営を支える2つの仕組み

3-1 事業所制

　それでは、機能別組織をとってきた日本電産グループの利益管理はどうなっているのだろうか。

　それを2つの仕組みで見てみよう。「事業所制」と「週次管理（ウィークリー・リスク会議）」である。

　現在の日本電産は、事業規模が1兆円を超え、カバーする事業領域が広範囲にわたるので、組織形態としては「事業部制」を採用するに至った。したがって、これから紹介する「事業所制」は、事業部制の採用以前に採用されてきた組織形態である。

　この事業所制は、他社にない非常にユニークで利益創出効果の高いものであるので、中小企業の経営者の方々にはお勧めしたい制度である。そのため、ここではあえて「事業所制」の説明で進めていきたい。

◆ 事業所制の仕組みとポイント

　重要なポイントは3つである。それを工場、営業、開発に分けて説明しよう。図表6-5でも仕組み上のルールを記してあるので、併せてご覧いただきたい。

　なお、図中の予算計画の配分比率であるが、これは記述の一貫性の観点から図表6-4と同じ比率を使っており、日本電産のものとは異なることをご理解いただきたい。日本電産の場合は、もっと最終利益が出るように配分率を変更する。

　以下の記述は、下記の参考文献をもとにまとめたものである（「永守重

図表 6-5 ▶ 日本電産の事業所制の仕組み

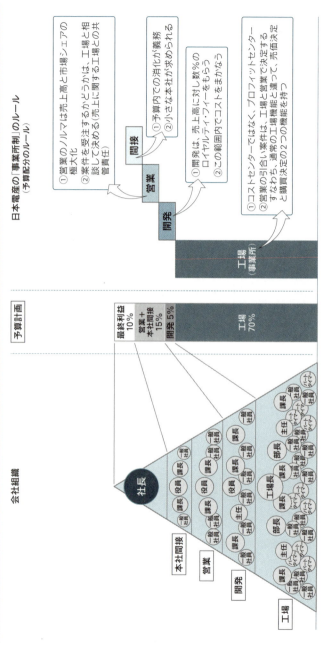

出所：「永守重信の経営教室」『日経ビジネス』2012年1月16日号をもとに作成。

信の経営教室」『日経ビジネス』2012年1月16日号)。

◆ 工場

　まず世の中の大半の企業と大きく異なる点が、工場はコストセンターではなく「プロフィットセンター」であるということである。

　営業が取ってきた引合い案件を受注するかどうかは、工場が営業と相談して決める。

　もし工場が、営業案件が自分のところのコストに合わないといって受注を拒否したらどうなるか？　工場には予算枠（図の予算計画の70％という枠）があり、受注拒否を続けていると、この予算枠が確保できなくなる。しかし予算枠以上になると、工場も増産でコストダウンがやりやすい。

　だから工場は、自らのコストをできるだけ市場価格に合うように工夫改善し、競合よりもベストのプライスを営業に出させて、自らの予算枠が広がるように努力する。つまり、事業所制は工場を内向きにしないで、どんどん顧客（市場）のほうに向かわせ、予算枠以上の増産で利益を出そうとする作用が働くのである（プロフィットセンター化の促進作用）。

　日本電産には、「市場価格は神の声」というスローガンがあるが、これは営業部門だけではなく、生産部門の言葉でもある。

◆ 営業

　営業部門に課せられた目標は「利益」ではなく、「売上高」と「市場シェア」の極大化である。営業は工場の予算枠を増加させる引合い案件を取ってくればくるほど、目標の売上高が上がるので、工場が受注しやすい案件をできるだけ増やそうとする。営業も工場が競合よりも進んだQCD（品質・コスト・納期）の実現で、顧客開拓がしやすい条件が整う。

　事業所制は、このように営業と工場が「ワンボイス」になる要素を持っている。スポーツでいえば、フォワードとバックスが協同して問題に対応する。世の中の多くの企業で見られる営業／工場間の反目、対立

といったことは、日本電産グループではまず見られないといってよい。

◆ **開発**

　売上高は、上記でわかるように営業と工場の協力で決まるが、開発はその売上高から来る数パーセントのロイヤルティですべての開発をまかなわなければならない。すなわち、開発部門の人件費、経費、研究用設備の償却費などのコストをまかなうことになる。

　そうなると、どういう作用を開発に及ぼすだろうか？　大型のヒット商品を出せば出すほど、ロイヤルティ率は同じでも額は格段に違ってくる。つまり、開発も内に閉じこもらずどんどん顧客(市場)のほうを向き、市場のニーズやウォンツを探って、競合よりも競争力のある差別化商品を出そうとするのである。

　このように、事業所制は、「売上拡大」と「高い利益率」の両立を工場、開発、営業の組織の中に連動させる非常に優れたマネジメント手法であるといえるだろう。

3-2　1週間ごとの予算管理(ウィークリー・リスク会議)

　予算の問題で最も重要なのは、「予算作成」ではなく「予算管理(予算フォロー)」であることはいうまでもない。予算の作成はせいぜい1カ月もあればできあがる。しかし、予算どおりに業績が上がるかどうかは、1年間つきまとう問題である。

　ここをどういう仕組みで予算未達を起こさずに、やり切るかが重要なはずだが、多くの会社が通り一遍のおざなりなルーティンワーク的やり方で、かつ月1回のフォローで済ますため、「ガンバリズム経営」から脱却できないでいる。

　日本電産は、よほどの経済変動がない限り、期初発表の業績見通しを下方修正しない会社として有名であることは触れたが、その秘密はこの

フォローの徹底にある。年間予算の予算どおりに実績を上げるためには、月間予算の未達をなくせばよい。

月間予算の未達をなくすには、どうすればよいか？　それは、月1回のフォローではなく、月4回フォローして、毎週毎週、月末着地見込みが予算に届くように議論すればよい。

それが、日本電産でグループをあげてやっている社内で「ウィークリー・リスク会議」と称する1週間ごとの売上・コスト・利益の徹底管理である（図表6-6）。効果が大きく、それにかかるコストは会議費ぐらいで、限りなくゼロに近い。

4　時間軸で経営を考える

4-1　時間当たり生産管理

今、「1日に何個作るか」というパターンで経営をしている企業があったとしよう。そして、本書を読んでおられる読者のあなたがその経営者だとしよう。あなたとしては、生産性向上の特段の知識も持ち合わせていないとする。

そのあなたにお勧めするのが、この「1時間当たり何個作るか」の経営への転換である。あなたが、ラインバランスを取るとか、タクトタイムを測るといった、生産性向上のノウハウについて全くの門外漢だとしても問題ない。今日から工場に命じて現場に生産管理板を据え、この非常にシンプルなやり方を実行することをお勧めする。数カ月後に予想以上の効果を手にすることができるだろう。

さて、その具体的な導入ステップの話に入る前に、現在の日本のものづくりの現場シーンを眺めてみたい。日本のものづくりは、特に人の作業が介在する作業分野、たとえば組立作業のような現場では、自動車産

図表 6-6 ▶ 週次ベースの予算管理の効果

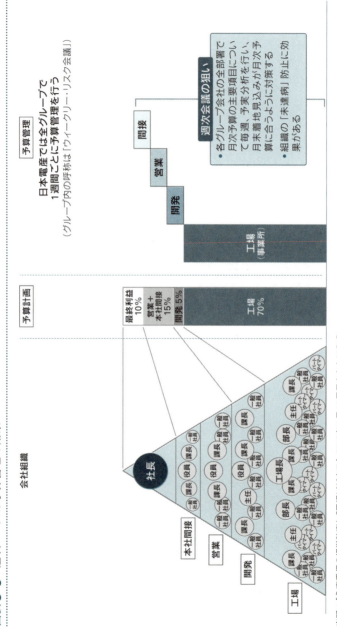

出所：「永守重信の経営教室」『日経ビジネス』2012年1月16日号をもとに作成。

業のようなトップレベルから、中小企業の一部に見られるボトムレベルまで、濃淡のバラツキがいまだに存在しているといえるだろう。

トップレベルの自動車工場の組立工程では、管理の時間軸は１日に何個作るかではなく、「１時間当たり」すらも超えて分単位、秒単位である。生産の順序管理も、完成車を運ぶ大型トラック（キャリアカー）の発送時間に合わせた「出荷便合わせ生産」になっていて、その順序に基づいて各工程間が完全同期化されている。したがって、工程間の滞留も発生しない。

一方で、多くの中小企業の生産現場では自動車産業が数十年前に卒業した「１日に何個作るか」の経営がいまだに健在であり、納期遅れが日常茶飯事で発生し、毎日の残業代が経営を圧迫している。

インターネット時代は、すべての事象をフラット化するわけだが、こと、ものづくりの現場だけは数十年間分のものづくり方式が同居しているのだ。この問題は経営者が「時間」でものを見ようとしない限り、解決できない問題である。

これから述べる「時間当たり生産管理」方式は、会社の経営に「時間」という軸を通すための第一歩である。導入ステップは、以下のとおりである。

①図表6-7のような目標と実績、差、ならびにその要因を記入する表を作成し、ホワイトボードに貼りつける。
②１時間ごとに生産実績を記入する現場の担当者を決める。
③工場の各ラインが一斉に時間記録できるように、放送なりチャイムを鳴らして現場に知らせる。
④実施前に十分現場作業者に説明し、納得をさせる。

この記録を毎日続けていく。実施して１、２カ月間の時間当たり生産実績のイメージは、図表6-8のような姿が一般的である。

図表6-7 ▶ 時間当たり生産管理板

時間	機種名	1時間当たり目標	実績	差	要因					
					段取り	部品欠品	前工程遅れ	品質不良	作業不習熟	設備故障
8:00– 9:00	NO.1	200	100	-100	●					
9:00–10:00	NO.1	200	110	-90			●			
10:00–11:00	NO.1	200	165	-35		●				
11:00–12:00	NO.1	200	105	-95				●		
13:00–14:00	NO.2	200	85	-115	●					
14:00–15:00	NO.2	200	200	0						
15:00–16:00	NO.2	200	150	-50	●					
16:00–17:00	NO.2	200	100	-100						●
合計		1,600	1,015	-585						

　ここからは、朝方のスタートが非常に悪いことが見て取れる。これは部品欠品や前工程との連絡ミスといった「段取り不足」による問題が多い。こういった問題は1日のうちには解消してしまうから、「時間当たり生産管理」をやっていなかったときには浮上してこなかった問題である。

　時間当たり管理を行うと、こういった隠された問題が続々と出てくる。1日という大雑把な単位でやっていたものが時間ごとに問題点が出る、つまり1時間ごとに、問題点を見える化でき、PDCAを回せる。1日8時間労働として8回PDCAが回せることになる。管理の頻度が全然違ってくるのである。

　グラフで表示してあるように、この工程の1時間当たりの能力は、200である。したがって、8時間で能力は1600だが、生産実績は1015であり、フル能力に対して63％の実績しかあげていない。これはある会社の実際のデータであるが、同社は各時間ごとにフル生産に持っていけるよう条件整備を行って、半年後に約1.6倍の生産性向上を果たした。

図表6-8 ▶ 時間当たり生産管理板の実例

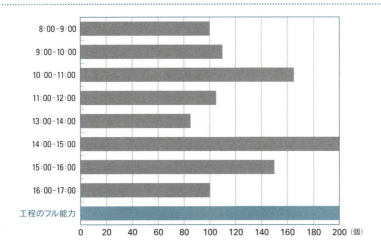

　私が推奨する「時間当たり生産管理法」とは、どんな生産性向上スキルよりも秀でた、簡便でありながら大きな効果をもたらしてくれる方法なのである。
　実施してから1、2カ月以降でやるべきことを列挙しよう。

①まず、朝一番からロケットスタートできるように、問題点を整理・解決する。
②そして、1日の各時間の生産実績が平準化するようにする。
③平準化できるようになったら、1週間の中で最も成績の良かった時間当たり実績値を、全員参加のフォロー会議で翌週の目標値に設定する。
④こうして順次、より高い目標にチャレンジし、問題点を出し合い、解決していって、その目標値が無理のない日常の実績値となるようにPDCAを回していく。

図表 6-9 ▶ 時間当たり生産管理板の実例

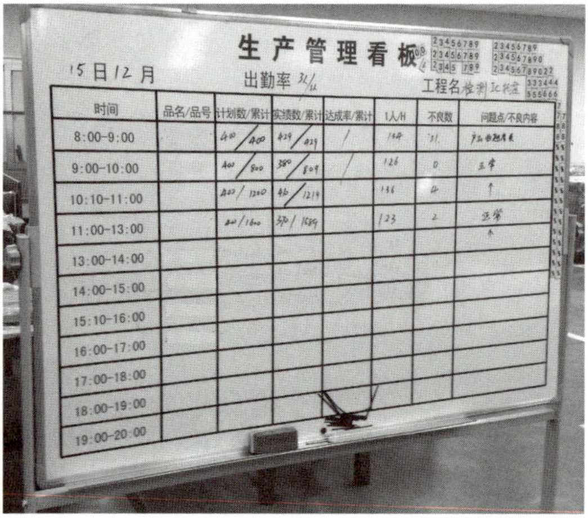

　図表6-9の写真は、ある日系企業の中国現地法人で、時間当たり生産管理を実施して3カ月経った時点の写真である。朝一番からロケットスタートの実績をあげていることがおわかりいただけるだろう。同社は、工場は工場長以下、全員が中国人で運営されている。
　中国人は作業者間の競争心が高いので、このような仕組みが成功する。この企業の場合は、開始して3カ月後には50％の生産性向上に成功している。このような簡単なボードで高い効果が出せるのである。

4-2　全経路時間という大きな時間軸で見る

　図表6-10は、中堅の電気機器製造会社のある事業部工場で生産している部品が、初工程から最終工程に至る全経路時間を5日間計測した結果である。
　この工場の工程は、「プレス→機械加工→ユニット組立→最終組立」

図表6-10 ▶ 全経路時間（初工程～最終工程まで）の把握

各工程の総時間分析（10/24～10/31の5営業日間） （単位：分）

	プレス	機械加工	ユニット組立	最終組立	合計
加工	195	230	155	400	980
停滞	58	4,091	2,598	2,828	9,575
品質不良	6	58	62	68	194
計	259	4,379	2,815	3,296	10,749

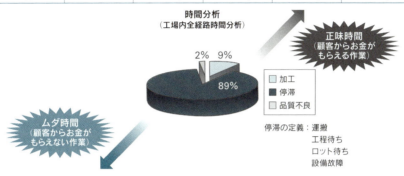

の4つから成っている（図中の表の横軸）。全経路時間とは、各工程でかかった時間を加工、停滞、品質不良の3つの要素に区分して計測した合計値である（縦軸の数値の合計）。

このうち、停滞とは品物が工程の作業にかかっていない時間、つまり、工程間の運搬、工程待ち、ロット待ち、設備故障を指す。

電車にたとえれば、全経路時間とは電車（部品）が最初の駅（初工程。この表でいえばプレス工程）を出発してから何分かかって4つ目の最終駅（この表でいえば最終組立工程）に着いてダイヤを完了させたかを測ったものである。停滞とは、この電車が駅で止まっている時間に相当する。円グラフはその計測結果だ。

このグラフを見て驚くことは、正味加工時間（電車でいえば電車が動いている時間）は全経路時間のわずか9％にすぎず、品質不良で作業がス

トップした割合の2％を除く89％が停滞時間（電車でいえば、止まっている時間）であるということだ。当の工場長がこのデータを見てびっくりしたことはいうまでもない。

電気機器という、一般的にはコスト削減運動が進んでいると見られる業種でも、このような経路時間の中の「ムダ時間」があり、その割合があまりにも多いことに、私自身が驚いた次第である。

工場のコストである変動費も固定費も、全経路時間に対して発生している。正味時間は顧客からお金がもらえる時間であるが、ムダ時間はお金がもらえない。

通常、製造部門のコスト削減というと、最も力を入れるのがラインの生産性向上である。たとえば、10人編成のラインをいろいろと合理化して1名減らしたとする。10％の生産性向上であるから、効果は大きいはずだ。

しかし、この円グラフでいえば、この10％の改善は、グラフの中の正味時間の9％の部分の改善にすぎないのである。全工場あげて一生懸命やってきた生産性向上運動が、実はこの部署では全経路時間に対しては、わずか0.9％にすぎない活動だったという情けない話になるわけだ。

この計測結果がわかったら、この部署がやるべき最初の仕事は、停滞時間に着目して、その発生原因を突き止め、削減を図ることだ。

この例のように、製造メーカーの生産部門では、工程の中の分析は行っても、全工程をスルーして眺めることはあまりやっていないことが多い。工程の中の作業という部分の時間軸ではなく、全経路時間という大きな時間軸で問題点を捉えると、このような「木を見て森を見ない」結果にはならない。

4-3 工場トータルの時間軸経営

　前節で見たように、「全経路時間」という切り口で企業を眺めると、まだまだ問題点、逆にいえば「宝の山」が眠っていることがわかる。

　仮に工場の中のありとあらゆるモノの流れ、つまり、全経路時間が対策によって半分になったとすると経営はどうなるだろうか。

　図表6-11で表したように、今まで1カ月かかっていた生産時間が半分になるため、同じ設備を使ってもう1回生産ができることになる。

　営業力を強化して、設備投資なしで増産できるし、新製品を開発して拡販することもできる。それによって設備稼働率を100％にできれば、下記に述べるように、全製品の固定費を半分にすることができて、価格競争力を飛躍的に高めることができるのだ。

　このように、全経路時間半減のもたらす効果は劇的である。材料費などの1個当たり変動費は変わらないが、上述した固定費半減を含めて、2つの大きな効果が得られる。

- 1個当たりにかかっていた固定費が半分になる。
- 在庫が半分になる。

　今日の企業経営において、固定費負担の増加は非常に頭の痛い問題である。固定費の中に大きな割合で占めるのが、「販売費および一般管理費」の中の人件費だ。

　しかし、営業マンや本社の間接部門の人員を削れるか、となると総論賛成、各論反対となって現実的には難しい。また、工場の直接労務費も実態は固定費になっている。人が集まらない時代に、生産量に合わせて人員を調整するような芸当は現実には難しい。結局、固定費削減運動は打ち上げてみたものの、たいした成果が得られないまま、線香花火に終わってしまう。

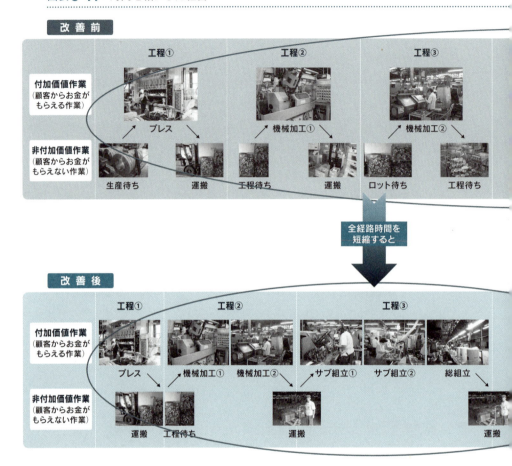

図表6-11 ▶ 時間を軸にした経営

　また在庫削減は、キャッシュフローが改善されて、その分を販促経費などに回すことができる。
　どんな会社でも、改善に終わりはない。もう1度製造現場に戻ってみよう。そしてものの流れを時間に換算してみよう。高速道路も渋滞箇所が必ずあるように、工場にも、モノの停滞、つまりフンヅマリが必ずあ

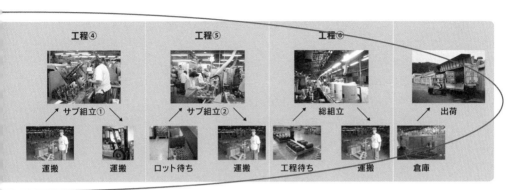

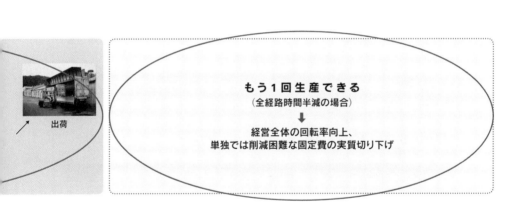

るはずだ。それにメスを入れて、固定費と在庫の削減の一挙両得を得られる「時間軸経営」を行う必要がある。

ボーイングの大型旅客機は何日で組み立てられるのか

　大型旅客機の部品点数は100万点にも及ぶという。ちなみに、自動車は約3万点である。その大量の部品を集めて、ボーイング社の大型旅客機はシアトルの工場で、1機組み立てるのに、1999年時点で3週間かかっていた。

　ところが、同社はこれを8年かけて1週間に縮めたという。8年間で生産性を3倍に引き上げたことになる。これを指導したのは日本のコンサルタント集団である。

　この時間短縮がコストに及ぼす効果は一目瞭然だ（図表6-12）。仮に8年間で、材料・部品代や労働コストの変動がないと仮定すると、1機に要する変動費は組立時間が3週間かかろうが、1週間に縮まろうが同じである。しかし、1機当たりの固定費は3分の1に圧縮される。

　大型旅客機の開発費は、1機種1兆円という（航空ジャーナリストの秋本俊二氏のブログより）。これ以外にマーケティングコストなどの販管費、本社費などのコストを含め、膨大な固定費が発生している。

　これが3分の1になったという経営上の効果は、計り知れないものがあるだろう。

図表6-12▶ ボーイング大型機1機にかかる固定費の比較

出所：ボーイング社ホームページ（2007年時点）および同社資料"The Boeing Production System 2007"をもとに模式図化。

2007年はドリームライナーといわれた「ボーイング787」がデビューした年で、同年のホームページに、わざわざ日本人コンサルタント集団の活躍ぶりを取り上げている理由がわかる気がする。

4-4 時間軸経営のもう1つの視点——顧客別粗利を「時間当たり」で見る

コスト問題を「顧客別粗利」という側面から見てみよう。

従来、コスト削減（ひいては粗利改善）問題は、生産部門の専管問題と見なされてきており、そこでは材料費や人件費といった、費目別にコストを捉えることはあっても、顧客別にコスト（ひいては粗利）を捉えることは、あまりなかったことである。

顧客別にものを考える習慣は、ほぼ営業部門の専門領域であった。ここでは、そうした固定観念を打ち破って、顧客別に粗利を捉えることで、どのような新しいコスト削減の切り口が見つかるかを考えてみよう。

図表6-13は、顧客別の粗利を大きいものから順番に並べたグラフである。顧客の重要度は粗利額の大きさであるから、このグラフの順番は顧客別の重要度の順番をも表していることになる。

しかし、これだけで満足してはならない。第3章の営業の計画段階で多用した「2面パレート図」を、工場の時間軸経営でも使って見えないところを見える化してみよう。

そのために、これにもう1つのデータを加味してみよう。図表6-14は、顧客別の全経路時間、いわゆる延べ作業時間を示したものである。

これで見ると、A社に費やした時間は全体の7割である。この時間データをグラフにして、図表6-13とドッキングさせてみよう。それが図表6-15の「顧客別粗利額＋顧客別作業時間」の2面パレート図である。

私は2面図をコンサルティングの現場で多用しているが、この2面図は第3章でも述べたように、1つの側面だけでは見えなかったことを別

図表 6-13 ▶ 1カ月の顧客別粗利額

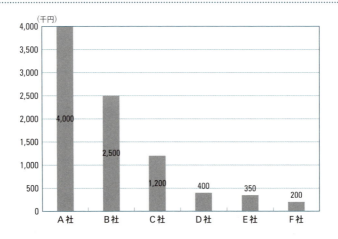

図表 6-14 ▶ 経路時間(延べ作業時間)

A社	1,500時間
B社	150時間
C社	150時間
D社	80時間
E社	60時間
F社	190時間
合計	2,130時間

の側面を出すことによって、物事を複眼的に見ることができる優れものツールである。

さて、この2面パレート図からわかることは、A社は粗利総額ではずいぶん貢献してくれているが、その分、社内は非常にたくさんの時間をこの顧客のために使っているということである。

そこで、この2面図をもう一ひねりしてみよう。粗利を総額ではなく、時間当たりで出すのである。そして、このグラフを粗利総額グラフ

図表6-15 ▶ 粗利額と延べ作業時間の2面図

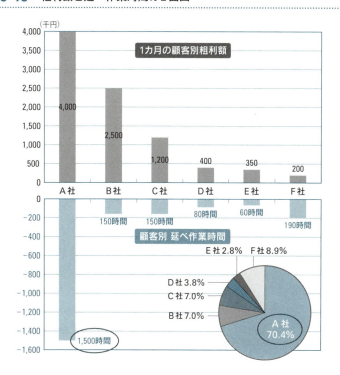

にドッキングさせてみよう。それが次の図表6-16の「顧客別粗利率＋顧客別時間当り粗利額」の2面パレート図である。

すると、どうだろう。今まで総額ベースで見ていた重要度とは、重要度の順番が大きく異なることが判明する。真の利益貢献度はB、E、D、C、A、Fの順番ということがわかる。

こういう事例からも、物事を時間という軸で見ることの重要性がおわかりいただけるだろう。

さて、話を元に戻すと、次なるアクションとしては、このデータを営業部門に渡して、上位3社のB、E、D社に対し、より積極的な営業活動を行わせ、受注を拡大しなければならない。

図表6-16 ▶ 粗利額と時間当たり粗利額の2面図

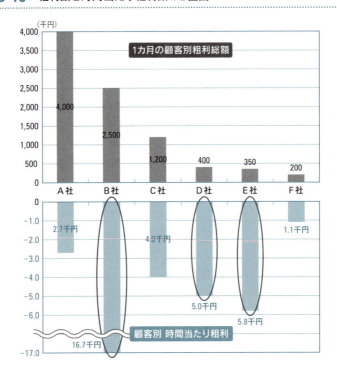

　また、生産部門が行わなければならないことは、A社の時間当たり粗利の改善である。そのためには、4-2項で示したような全経路時間を計測して、徹底的な経路時間の短縮を行うことである。

　また、粗利総額は小さいといっても、F社の時間当たり粗利は、パート賃金を少し上回る程度にすぎないため、営業利益段階では赤字の顧客である。A社と同様の経路時間の分析を行うとともに、場合によっては営業を通じて値上げ交渉を行う必要もあるだろう。

◆「時間を軸とする経営」メソッドのまとめ

　今まで述べた「時間を軸とする経営」を推進するために必要なメソッ

図表6-17 ▶ 時間を軸とする経営──3つのメソッドのまとめ

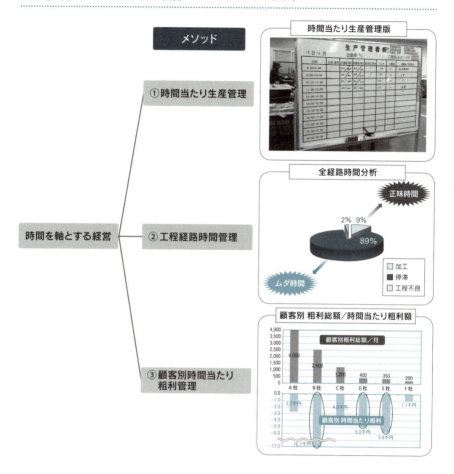

ド3つをまとめてみた(図表6-17)。

①は、このような生産管理板を現場に設置するだけで、飛躍的な生産性向上が実現できることがおわかりいただけたと思う。

②は、生産活動に消費している総経路時間を分解することで、製品1個当たりの固定費がいかに過大にかかっているかを明らかにし、その削減の糸口を提供することができる。

また③は、コストダウン活動の場に粗利問題を持ち込んで、その時間当たりの価値を見える化することで、今まで気づかなかった視点を表に出すことが可能となった。

　これらのメソッドは、今までの生産性向上や、コストダウンの教科書には、あまり取り上げられなかったものでもある。

　経営者が何か改善を行う場合には、専門知識が必要なのではなく、視点が必要だが、その意味で、この３つのメソッドは、工場のコストダウンを経営学的に考えるうえで重要なポイントであろう。

5 粗利問題をさらに深掘りする

5-1 製造業の損益は機種別に攻めよ

　製造業のコストダウン計画は、ほとんどの企業が、経理部門が作成する損益計算書の費目別に準拠して行われている。

　つまり、材料費、外注費、経費（水道光熱費、リース料、間接材料費、通信費、試験研究費、交際費など）について前年実績が出され、今年度の削減目標額が「費目別」に設定され、責任部署が決められ、事務局が毎月実績をフォローするという、いつものおなじみのルーティンワークである。

　毎度の面白味がないルーティンだから、コストダウン疲れした組織は誰もあまり乗ってこない。費目別ルーティンには経理部門の切り口はあっても、製造部門の切り口がないのである。原価が発生している大本をグサリと抉る戦略的な切り口を持たないと、ろくなコストダウンもできない。

　ここに紹介するのは、私がある電子デバイス製造会社で実施した切り口である。数多くある製品機種別に粗利を計算して、図表6-18のようなバブル図にまとめた。中心線より上が黒字機種、下が赤字機種であ

図表6-18 ▶ モデル別損益分布のバブル図

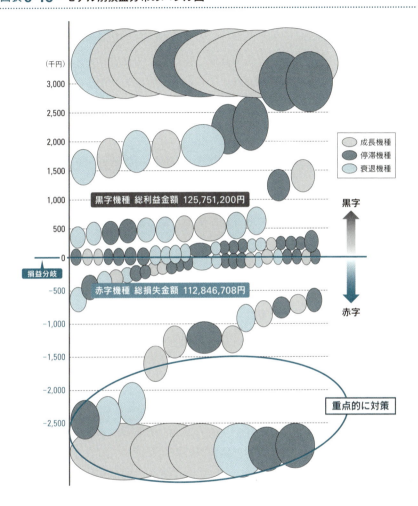

る。円の大きさは粗利の額をイメージさせてある。

　こう見ると、黒字機種合計額と赤字機種合計額の差は、わずかな黒字になっているにすぎない。毎日毎日、開発部門も製造部門も汗水たらして働いているが、実はもの凄い非効率な経営を行っていることが、このバブル図からわかる。すべての機種の対策を立てる必要はない。悪さを

しているのは、太線の丸で囲った粗利赤が大きい機種である。

電子デバイスなので、根本的なコストダウンは基板設計からやり直したほうが、はるかに効果が高い。この図を見せられた開発部門が奮起したことはいうまでもない。問題機種に絞って、基板設計からやり直すという形で突貫工事の開発が進み、1年以内の短期間で損益を劇的に改善することができた。

5-2 非製造業の損益は、顧客別の損益を出して対策を立てよ

非製造会社のコスト構造は、製造会社と違って経費の割合が圧倒的に高い。経費のカットがコストダウン計画の定石と決まっているから、このときとばかりに経理のカット屋さんが出てきて、費目別に切り刻んでいく。

「聖域なき削減」という言葉が妙な説得力を持って社内に浸透し、営業経費も大幅カットになるため、営業活動がシュリンクし、売上が上がらない結果になる。すると、また、翌年にカット戦術が蒸し返される。このようなお決まりの定食メニュー的なコスト削減はそろそろ返上しなければならない。

ここでも、削減計画に戦略的な視点があるかどうかで、コストダウンに向けての組織的ドライブがかかるかどうかが決まる。図表6-19は、ある運送会社の法人営業部門の顧客別の粗利パレート図である。すでに第3章で紹介済みのものであるが、「利益創出」と絡めた「粗利」問題の重要性を考えていただくために、あえて再掲載した。

このパレート図の右側に、粗利マイナスの顧客が数社あることがわかる。せっかく積み上げた粗利を、これらの顧客の粗利赤で60％も失ってしまう。普段、会社は営業に対しては売上主体で見ているため、こういう状況は表に出てこない。

また、こういう粗利赤の顧客は、売上高が上位顧客である場合が多

図表 **6**-**19** ▶ 顧客別粗利パレート図

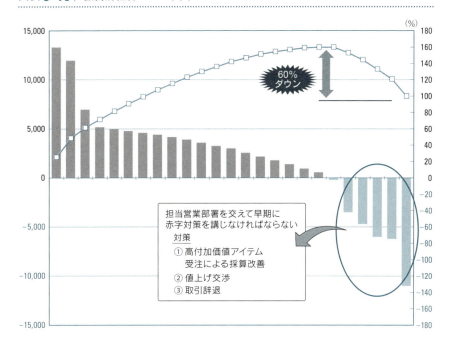

　い。営業は売上が欲しいものなので、ついつい顧客に対しては値下げ要求などの無理を聞いてしまう。こうした積み重ねが粗利赤となっているのだ。

　対策は、営業サイドとコストサイドに分けて行う。コストサイドの対策として2つが考えられる。1つは、特定顧客のために異常な経費をかけていないかを見る。もう1つは不採算顧客に絞って、顧客に使っている総労働時間を調べる。たとえば、この運送会社の場合は、客先での余分な構内作業を無償で行っており、運転手の客先での滞留時間が異常に多いことが時間管理を行ってわかった。

　ルーティンワーク的なコスト管理では、運転手の人件費として十把一絡げにまとめて集計されるため、このような中身は浮かび上がってこな

いのだ。

　営業サイドの対策としては、①採算性の良い高付加価値アイテムを提案・受注して、粗利赤を補填する、②値上げ交渉、③取引辞退、の３点が考えられる。

6 社内を「コストダウン熱中集団」に転換させる

6-1 「商店経営方式」を末端組織に取り入れる

　この項は、本章の冒頭に挙げた視点③に関するものである。ここでは、４つの仕組みについて説明する。

　すでに第３節で、日本電産の「事業所制」を説明し、それが工場部門を含む各部門をコストセンターからプロフィットセンターにする仕組みであることを説明した。これはいわば、機能別組織の良さを残しながら、事業所（工場）、開発といった大括りの各部門を独立採算化させる仕組みでもある。

　これに対し、私が「商店経営方式」と名づけるやり方は、図表6-20で示したように工場の中をさらに細分化して、内部に細かいプロフィットセンターを置こうとするものである。

　事業所制は、日本電産の定番メソッドであるが、この商店経営方式はそうではない。私が現在、コンサルティングの現場で使っているものである。なぜかというと、事業所制だけで、一般の企業を利益創出型にするのは、実は難しいからだ。

　日本電産のような、各部課の計画実行力が非常に高い企業なら、大括りの単位だけで利益追求型の組織運営が可能だが、それが弱い一般企業では、末端組織レベルでも、利益追求型の組織運営ができるようにしておく必要がある。つまり、工場という大括りの単位と末端の単位の上下

図表6-20 ▶ 商店経営方式

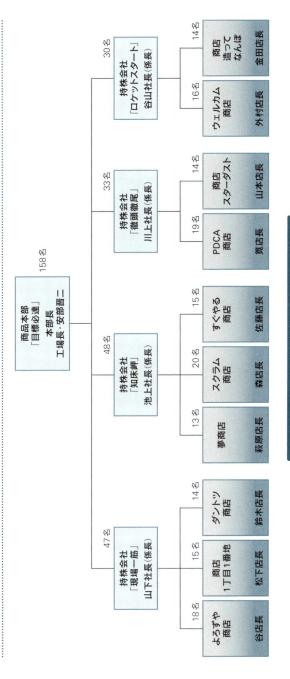

注：商店名、人物名は仮のもの。

第6章 コストダウンと利益創出のメソッド 229

で、自律採算活動を行わせて工場全体のプロフィットセンター化の徹底をめざすものである。

　この工場内の末端の小単位をプロフィットセンターにするというマネジメント方式は、京セラの「アメーバ組織」や住友重工の「ラインカンパニー制」で、すでに華々しい実績をあげている。私はそれを真似させていただいているわけである。

　商店経営方式の具体的な進め方を4つに分けて箇条書きにした。

① 今までは、各ラインの作業長は1日に何個作るかの管理方式で何年も仕事を続けてきた。その人たちをまず、1時間に何個作るかのやり方に変えてもらう。

② 次に、この「商店経営方式」を取り入れて、従来は実績の計測単位が「数量」であったものを「お金」に変え、儲ける工夫を作業長の課題として担ってもらう。

　こうして上から指示された生産数量をこなすだけの「作業集団」ではなく、「今日はどれだけ儲けたか」とか「明日はどれぐらい儲けようか」を考える「自律経営集団」に変身させるのだ。価値観とライフスタイル（業務スタイル）の転換である。

　楽しさの演出のために、各作業長さんには、自分のラインを商店になぞらえて好きな店名に変えてもらう。作業長は商店の店長となるのだ。

③ 商店であるから「日計簿」をつけてもらう。図表6-21は、日計簿の内容を示したものだ。

　店長さんの役割は、自工程の利益を最大にすることである。そのためには、まず次工程への製品投入をできるだけ一定時間内に多く送ることを心がける。そして、自工程コストの最小化では、予算外の異常コスト（仕損費や残業代）をできるだけ発生させない工夫をしてもらう。また、予算で予定したコストであっても、労務費や経費など

図表 6-21 ▶ 日計簿の内容

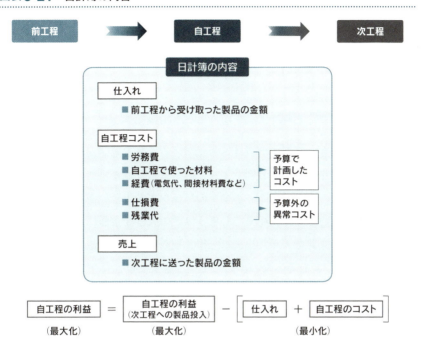

は生産性を上げて予算よりも安く仕上げる采配を振るってもらう。

こういう仕組みを入れることで、現場は見違えるほど生き返る。要は、町の商店主がやっている日々の工夫経営を工場の中でやってもらうのである。

④そして、商店主を一堂に集めて月1回の「商店経営会議」を行い、それぞれの工夫の隠しワザをオープンにしてもらう。これによって、内部競争原理が働いて一層の向上が図れるのである。

以上でおわかりいただけたように、全体システムとしての「事業所制」に加え、末端システムとしての「商店経営方式」という2本の背骨を工場に通させることによって、今まで工場長や製造部課長が、「QCD

を上げろ！　上げろ！」と口酸っぱく叱咤し、現場はそれを受け身の姿勢とやらされ感で受けていて、全体として空回りしていたものが、驚くほど効果を出し始める。そして、QCDという「数字とパーセントの改善」だけでなく、利益という「お金の改善」がついてくるのである。

6-2　すべての経費を稟議制にする

　どの企業でも、経費の削減は苦労している。発生部署が社内の多岐にわたるし、支払先も千差万別で1対1の削減をやっていたら、日が暮れる。費目ごとの金額は大から小までのバラツキが大きいが、それらを合計すると残業代を簡単に超えてしまうほどの大きな金額になる。
　この難物の経費を大から小まで一律に短期間に削減する方法が、この「経費稟議制」である。なお、ここでいう経費とは、リース料や減価償却費のような発生時点で金額が決まってしまうような「管理不能経費」は対象外である。
　今、管理可能経費総額を「半年間で30％削減」という目標が経営陣から出されたとしよう。削減率も期間も非常に厳しい目標である。自社がかなりの赤字を抱え、かつ中国、韓国を含めたグローバルの激しい業界競争に勝つためには避けて通れない目標値であるとする。
　半年というのは、あっという間に来てしまう単位であるから、スピーディーに全社展開をする必要がある。それを可能にする唯一といってよい仕組みが経費稟議制だ。仕組みの中身は至ってシンプルである。

①管理可能経費の項目を定義し、社内各部署は、それに従って削減活動を行う。削減活動といっても、大半は業者とのネゴ交渉である。
②原則は経費伝票1件ごとについて30％のネゴ交渉を行い、その経過を稟議書に記して伝票と一緒に提出し、決裁を仰ぐ。

この30％という目標は、できるだけ絶対基準として運用するが、相手業界によっては不可能である場合なので、その場合には、ケースバイケースの判断を行う。

　日本電産グループでの私の経験談をお話ししよう。経営者の私から経費30％削減の通達を出してしばらく経ったある日、総務の女性が半べそ顔で私のところに来た。

　来客用のお茶を普段は町のお茶屋さんから長年買っていたのだが、値下げをお願いしても一向に首を縦に振らないという。だいたい、会社にいる総務の女子社員は、ネゴなどということは会社に入って一度もやったことがないのが普通であろう。そういうネゴ交渉恐怖症も手伝って、半べそになっているのだと思い、私はこう伝えた。

「あなたは主婦として家のお惣菜などを買うとき、１円でも安いところがあったら遠くのスーパーでも行くでしょう？　あるいは、八百屋のおじさんに『おじさん、これもっと負けて』とやりませんか？　それと同じことを私としては会社でもやってほしいのですよ」

　１週間後、この女性社員は「社長、できました！」とニコニコ顔で稟議書を私のところに持って来てくれた。

　経費の１点１点について稟議制にするのは、非常に厳しいやり方かもしれないが、これによって全社員がコスト意識を「マインドの段階で」持ってもらうという効果は、この方式に勝るものはない。

　こういう厳しいことを通じて会社は強くなっていき、熾烈なグローバル競争に生き残れるのである。経営者が甘い経営を行って、最終的にはリストラと称する肩たたきで、社員を路頭に迷わすよりは、ずっとましな経営ではないだろうか。

　ここで読者の皆さんは、経費削減で30％という高さレベルや、半年という日本電産の期間の設定などに驚かれるかもしれない。通常は１年かけて10％なり、20％の削減ではないだろうか？

　日本電産のグループ内に身を置いていると、１年という、経費なら経

費の削減計画の単位が非常に長いものと感じてしまう。1年という単位が設定されるのは、会社全体の損益の改善の場合の許容スパンであり、その計画の裏づけとなるサブの計画のスパンは、だいたい半年単位で設定される。売上計画の策定も半年単位である。

日本電産グループが、社会の大きな環境変化で損益が落ち込んでも、1年でV字回復を遂げてきたことは前述したとおりであるが、1年で企業を回復させるというスピード感性が、グループ内のDNAとなっているので、このようなサブ計画は、半年単位で回していくのである。

6-3 設備の買い方は「5段階稟議制」を徹底する

かなり高い設備を購入する場合、数社から相見積りを取って、その中の一番安いところから買うというやり方をしている会社をたまに見かけることがある。設備性能は同じとしてである。それほどひどくなくても、一番安いところとほどほどのネゴ交渉で済ませてしまう企業が非常に多い。

その点で日本電産の設備の買い方は徹底している。設備を安く買えるか否かは結局、ネゴ交渉の頻度としつこさで決まる。これを担当者に任せていると、しつこさはその担当者の性格を反映するから、どうしてもバラツキが出る。

日本電産の「5段階稟議制」は、設備を安く買うやり方を個人の属性に委ねず、組織として行うやり方である。設備の購入先候補をある程度絞ってから、その候補会社と5段階で交渉を行う。

第1段階：担当者が相手設備メーカーと交渉
第2段階：課長が相手設備メーカーと交渉
第3段階：部長が相手設備メーカーと交渉
第4段階：役員が相手設備メーカーと交渉

第5段階：社長が相手設備メーカーと交渉

　サラリーマンが家を買う場合は、住宅メーカー（不動産業者）と、とことんネゴ交渉をしてから購入を決定している。ところが会社に来ると、高い設備を甘いやり方で買っているのだ。自分のお金がかかると買い方も徹底するが、自分のお金でないと買い方が甘くなるのを、この5段階稟議方式は防止するのである。

6-4 「残業切符制」で計画的な残業を

　残業代の管理は、どの会社でも頭の痛い問題である。「計画残業」という言葉はあるが、半年なら半年、1年なら1年経ってみると計画どおりにいったためしはない、というのが大抵の会社の実情である。

　ここに紹介する「残業切符制」は、日本電産の定番メニューではなく、私がある会社で実施し、効果が大きかったので、「会社を『コストダウン熱中集団』にする仕組み」の最後に付け加えた。やり方は至ってシンプルである。

①各部署の管理者に半年なら半年、1年なら1年の残業計画数値（時間数）を定めてもらい、予算に計上する。
②その時間数に応じて、1時間1枚の切符（残業切符と称する）を数値分だけ管理者に事前に配布しておく。
③残業が発生した都度、残業申請書に申請時間に相当する枚数の残業切符を添付して提出させる。

　この方式の良い点は、管理者が残業切符の残り枚数の管理を残業申請の都度行うことである。いい加減な残業を部下にやらせていると、残りの残業切符がどんどん少なくなる。否応なしに管理者が計画残業を意識

せざるをえなくなるのだ。

6-5 コストダウン方策のまとめ

　この第6章は、書き方のスタイルを少し変えて述べてきた。第2章から第5章までは、章の冒頭で適用するメソッドの一覧表を記載し、本文はそのメソッドごとに中身を解説してきたが、本章はその方法をとらず、コストダウン（ひいては利益創出）に取り組むにあたっての視点を中心に書き、その中でメソッドに言及するスタイルとした。

　しかし、読者の皆さんが本書を手許に置きながら、コストダウンの実

図表6-22 ▶ コストダウン活動での費目と適用するメソッド一覧表（活用例）

	費目	適用するメソッド	管理スパン	社員を巻き込む仕掛け
変動費	材料費 外注費	①徹底したネゴ交渉 　5段階ネゴ稟議 ②徹底した転注政策	半期ごとに ターゲット設定	①トップ自らがネゴ ②互恵主義 　自社は購入単価ダウン獲得 　相手には免責利益供与
	電気代	ライン別管理	週	商店経営方式 （月1回商店経営会議）
	残業代	残業キップ制	週	同上
	パート人件費	①請負グループ制 ②変則パート制	週	同上
	経費	経費稟議制	都度	社内にネゴが当たり前の 風土を作る
固定費	設備費	5段階ネゴ稟議	都度	①トップ自らがネゴ ②コスト総責任者のトップが 　最後はまとめる
	間接人件費	多能工化 （多仕事化）	人事異動都度	①管理職は1人2～3役 ②ムダ業務のスリム化
	総固定費	①時間軸経営 ②全経路時間測定 ③時間当たり生産管理		①経営者の決意 ②時間を軸とする 　企業カルチャーの定着 ③商店経営方式の活用

践活動に取り組まれる場合もあることを考えて、図表6-22としてコストダウン費目とそれに対応するメソッドを一覧表の形で提示した。

　なお、随所で触れたように、これらの方策は日本電産において現在も実行されているものである。それらの方策のいずれもが、すでに刊行されているビジネス書や雑誌にも詳しく記述されている。特に、以下の資料は参考になるだろう。

- 田村賢司『日本電産　永守重信、世界一への方程式』日経BP社、2013年
- 「永守重信の経営教室」『日経ビジネス』2012年1月9日〜2月6日号（全5回）

第7章

スピードと徹底を究める

1 スピードは、戦いの最高の武器

「『時間』は万人に平等に与えられた資源」

これは、日本電産の永守社長がグループ会社社員の研修会でよく語られる言葉である。

1973年にわずか4人で設立した、社歴、業歴、実績もない後発のモーター企業が、あまたある大手企業に伍してどうやって受注をとっていくか。そこでたどり着いた「戦う武器」がこれであったという。時間（スピード）を競争原理に使う。永守社長の語り口は、次のように続く。

「ある大手企業に何回も通って、相手企業の技術者もこちらの熱意にほだされて、その技術者から新型装置につけるモーターの試作依頼を無名の日本電産がやっと獲得する。いつも出入りしている名の通ったモーターメーカーにも当然同じ依頼がいっている。

さあ、そこからが勝負。1週間の突貫作業で試作モーターを相手に届ける。相手はあまりの早さにびっくりする。早速、技術者がそのモーターを装置に取り付ける。少しモーター振動があるので、巻き線数とステータの厚みを変えてくれ、と修正依頼が来る。同時に顧客側の装置も設計変更をするという。

また、修正モーターを1週間で届ける。ここでも両者で仕様変更の取り決めがなされる。こうして4回ほど相互の修正作業を行い、モーターも装置も完璧なものができあがる。
　そうして1カ月ほど経った頃、ようやくライバルメーカーが、最初のスペックで作ったモーターを『できました』と言って持ってくる。
　応対に出た装置メーカーの技術者は、『申し訳ないけれど、今回は日本電産のモーターでいきます。何回か試作をやって、モーターもウチの装置も仕様がガラッと変わっちゃったからね』」
　以来、日本電産の中では「時間の価値」が事あるごとに強調され、今や日本電産のDNAとなっている。時間（スピード）は、ヒト、モノ、カネ、情報に次ぐ「第5の経営資源」であり、5つの中で競争に最も使える最高の資源である。
　では、この最高の資源を手に入れるのに、お金がたくさん必要か？　何かシステムでも入れなければならないのか？　そんなことはないと、誰もが思うだろう。
　20世紀から21世紀に時間が切り替わった時点から、競争のルールが変わり、スピードがありとあらゆる競争場裡で最も重要な要素となった。それまで技術力で世界をリードしてきた日本の大企業が、技術力は劣るがスピードで勝る中・韓・台企業に、痛い目に遭わされてきたことは、周知の事実である。スピードが日本企業の最大の弱点であるといわれて久しい。
　これほどコテンパンにやられて懲りているはずなのに、今の日本には、非常に少ない「敏な会社」と非常に多い「鈍な会社」が、依然として同居しているのが現状ではないだろうか。
　私のクライアントに半導体商社があるが、その営業マンの話によると、高性能で廉価な新型半導体を提案しているのだが、相手の名だたる大手メカトロ企業の設計者は、その提案を抱えたまま1年も寝かせているという。

スピードの価値観は、経営者だけがわかっていてもダメなのだ。組織で理解して、組織でスピードのある行動をしていないと企業の競争力にはならない。つまり、組織カルチャーを変えなければならない。
　第7章と第8章では、その最も必要とされる「スピードと徹底」の企業カルチャーをどのように変えていくかについて論じてみたい。

◆「ダラダラ会社」と「徹底会社」

　「周知徹底」という言葉がある。「周知」は、あまねく知らせる。「徹底」は、知らせたことをキチンとやらせる、ということであろう。
　「今日全員で合意した計画は、『徹底して』実行するように」と会社の会議などで終了間際に、全員で本日の決定事項を確認し、その後でこの言葉が、必ずといってよいほどリーダーからつけ加えられる。皆さんの会社でもよく見られる光景だろう。では、実態はどうであろうか？
　周知は、昔に比べて良くなった。メールという道具があるからだ。それこそ、あまねく伝わる。では、徹底のほうは？　そもそも、徹底されているかどうかを測るツールすら、満足にないのが通常の姿ではないだろうか？
　「いや、ウチは『報連相』させています。それで徹底するよう図っています」という答えが返ってくるかもしれない。そうであるならば、報連相をよくやっている会社は、みんな徹底力があるのだろうか？
　報連相というのは、現場から実施状況を、現場にいない上司や本社の上層部などに、「連絡を入れさせる」程度のもの、コミュニケーションの最も原始的な方法であって、徹底という企業体質を作れるようなものではない。
　会社で物事が徹底しないということは、どういうことなのか、その光景を営業の場面を例にとって列挙してみよう。そうすれば、徹底の意味合いが明らかになるだろう。

【営業の場面】
① ある会社のある営業所は、朝一番で全営業マンが訪問に出る。ところが、同じ会社の別の地区の営業所では、午前中はダラダラ事務所にいる。お昼近くになってやっと三々五々外出し始める。同じ会社なのに、会社の中の行動スタイルがバラバラ。これは徹底の企業カルチャーがなく、営業所長のマネジメントの属人性に委ねられている証拠である。
② ある会社の営業所と同じビルの別のフロアに、ライバル会社の営業所が入っている。そのライバル会社では、朝8時には営業マンのライトバンが一斉に駐車場から出て行く。それを毎日窓から見ているにもかかわらず、この会社では、営業所長以下、営業マンまで昼近くまで社内業務に勤しんでいる。
③ 営業担当役員から、1人当たりの訪問件数を月100件にするよう指示が出ている。しかし、それを実行できた営業所はごくわずかで、あとの大半の営業所は旧態依然の状況である。

このように指示は「周知」されていても、実行が「徹底」していない「ダラダラ会社」では、営業だけでなく、本社事務所や工場でも同じ「ダラダラ」であるのが一般的だ。

一方、日本電産の日常の光景はどうだろうか。
日本電産のグループ会社のどこでもよい、その会社の従業員駐車場をご覧になっていただければ、一事が万事、この会社の「徹底の文化」を知ることができる。車の前後の向きがキチンと同じ方向に揃っている。この会社に籍を置いていた私ですら、「ここまでやるか！」と唸るほどの見事さである。
受付の対応もテキパキとしている。トイレもピカピカ。事務所に入ると、キャビネの中の棚は番地指定になっていて、ファイル書類の格納場

所が決められている。机の引き出しの中は、事務用品がきれいに姿置きされ、ゴミ箱の位置も定位置化だ。

　工場に入ると、工場の端から端まで見渡せて、工程間に仕掛り在庫の山などない。床は磨き抜かれたようにきれいで、白いソックスで歩いても汚れないのではないか、と思うほどだ。材料や完成品の在庫場所に行くと、非常に在庫が少ないのにびっくりする。在庫を見れば、その会社の管理レベルがわかるといわれているので、日々の管理が高いレベルで維持されていることがわかる。

　本社も工場も、昼間から会議をやっているところはどこにもない。会議は品質問題などの緊急マターを除いては、夕方と決まっている。

　顧客からの問合せには、その日のうちに回答する。1人の訪問件数は月100件が維持されているから、顧客へのアプローチ頻度は、ライバルをはるかにしのいでいる。

◆ なぜ徹底会社にしなければならないか？

　企業を経営する者にとって、自分の会社が計画未達を起こさない会社になってくれるほど、ありがたいことはない。しかし、実態はどうだろうか。経営者も社員も超多忙の毎日だが、仕事のほとんどが、計画未達という不始末の後始末になっていないだろうか。

　販売計画の未達、利益目標の未達、品質目標の未達、開発計画の未達、客先納期の未達……。会社の毎日は未達であふれ返っている。もしこれらがなくなったときに得られるであろう獲得利益は、計り知れない。

　「未達病」は組織が抱える慢性病である。この病気を治すには、会社全体を徹底の風土に体質改善するしか方法はない。人間の体にたとえると、骨折個所を接合したり、傷口を縫合するような外科治療ではなく、虚弱体質を治すような内科治療に属する領域のものであるから、始末に負えない部分がある。ステップを踏んで時間を惜しまず治療するしかない。

2 「スピードと徹底」のカルチャーを手に入れる

　「ダラダラ会社」と「未達会社」は、社員組織全体が「ダラダラ・未達」の価値観（カルチャー）で染まっている。反対に「敏な会社」と「徹底会社」は、スピードと徹底の価値観が体質となっている。

　敏な会社と徹底会社も、初めからそういう体質を持っていたわけではないはずだ。会社の中に、あるときから、そういう体質変化が起こったから、そうなったのである。

　その変化の仕掛人は他でもない、経営者である。経営者による社員集団に対する価値観の「擦り込み」が、体質変化を起こさせる。図表7-1を見ていただこう。この会社は、初めの時点では体質が弱かったとする。体質が弱いということは、社員の「思考様式」も「行動様式」も弱いということである。

　そして、思考・行動様式が弱いということは、その思考・行動を惹起させている社員の「価値観」が弱いということであるから、経営者がその弱い価値観に対して「スピード・徹底」の価値観を擦り込んでいく必要がある。その価値観の擦り込みが成功すると、会社は強い思考・行動様式を身につけて、狙いとする優れた体質の会社に変化していく。

　そのあたりの組織変化のプロセスは、第8章で詳しく述べていきたい。ここではまず、会社にはびこっている未達病を治すには、経営者による捲まず撓まずの擦り込み作業をしないことには、会社は変わらないことを念頭に置いていただきたい。

　日本電産では、この経営者による価値観の擦り込み作業を「意識改革」と呼んでおり、M&Aした赤字会社の立て直しで、一番先に行うべきことと位置づけられている。

図表7-1 ▶ 経営者による「スピード」と「徹底」の価値観の擦り込み

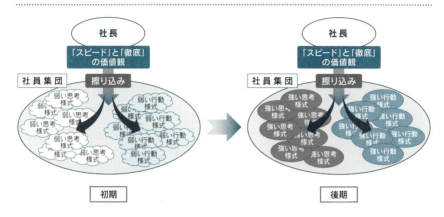

◆ まず形から入る

　日本の「道」とつく武道——剣道、柔道、合気道や、あるいは華道、茶道といった精神性を尊ぶ芸道が、それを習得する者に、どう奥義を究めさせていくかを考えてみよう。

　たとえば、剣道。剣道は最終的には、剣禅一如の精神を体得させることにあるとしても、その境地に至るまで座学を積み重ねさせて、稽古などは後回し、などということはないだろう。茶道にしても、侘び寂びの精神を会得させてから、茶の湯を立てさせる、ということはない。

　これらの特徴は、まず形から入ることである。形から入って、次第に本質に迫るというプロセスを踏む。意識改革や企業カルチャー変革もこれと同じである。

　よく社員の意識改革をするのに、外部の研修会に社員を何回も行かせる会社がある。しかし、社員は研修中は気分としてその気になるが、研修が終わると、行動様式は元に戻るということが多い。

　そうではなく、まず「形（行動）」から入らせる。それも会社の実践の場で。それを何回も繰り返させて行動様式を固め、それから思考様式を変えていく。私の日本電産の経験では、これが組織の体質とカルチャー

図表7-2 ▶ スピード化・徹底化実現のための導入項目

部署		対象項目	3カ月以内	6カ月以内	1年以内
営業	徹底	1人当たり訪問件数	月50件	月100件	
		1人当たり見積件数	1日0.5件	1日1件	1日1.5件
	スピード	顧客問合せへの回答	翌日	即日	
		見積り回答	3日以内	24時間以内	
生産	徹底	時間当たり生産	朝一番ロケットスタート	30%改善	50～100%改善
	スピード	客先への品質不良回答	第1次回答3日以内	最終回答1週間以内	
会社	徹底	5S	50点以上	80点以上	100点
	徹底	週次会議	事前準備	実施	

注：図中の数値は1つの事例であり、実際は、その企業の実態に合わせて厳しめの数値を設定する。

を変えていく一番の早道である。

　では、どんな形から入るか？　私が企業カルチャー変革のコンサルティング現場で実践していることは、図表7-2に示す8点である。これをまず徹底してやってもらう。これができないうちは、他のどんなことをやっても無駄である。

◆ スピードと徹底は気持ちいい

　いったん「スピード・徹底経営」が身につくと、経営者も社員も、もう二度と昔の「ダラダラ経営」に戻りたいとは思わなくなる。そしてもっと徹底のレベルを上げようとするようになる。

　ダラダラ経営のときは、「悪貨は良貨を駆逐した」が、スピード・徹底経営では、「良貨は悪貨を駆逐する」ようになる。考えてみれば、ダラダラ経営では、経営者も社員もほとんどの時間をダラダラ経営の後始

末に追われていたことに気づく。

　営業は、品質不良の後始末で大半の時間を取られ、それがあるものだから、計画未達の理由探しに、工場部門の品質や納期の悪さをあげつらい、社内は不毛な内部対立に時間を浪費していた。売上大幅未達、コスト削減大幅未達のため、大幅赤字必至になる。

　利益捻出のための対策会議が、幹部の大半が集まって昼間から開かれる。万策尽きると、リストラに走る。部課長は、自分の部門の「肩たたきリスト」作りに疲れ果て、夜も眠れない。

　自分がリストラした社員と、ある日、道でばったり出会ったときの挫折感、喪失感の気持ちは言いようもない。もうこういう経営は二度と御免だと心底から思うようになる。

　そして、スピード・徹底経営になると、「こんなに気持ちいいものなのか」と、もったいないぐらいの気持ちになる。経営者は、より戦略的なことを考える余裕が生まれる。管理者は、自分がこれから取り組む壮大なプロジェクトに思いを馳せる。社員は、良き内部競争によって生まれた適度の刺激と緊張感、そして成功体験のワクワク感で毎日が充実する。

　日本電産がM&Aした会社のほとんどが、M&A以前はダラダラ会社であった。それが、スピード・徹底経営を身につけて「ワクワク会社」になるから、そして、それを1年という短期間に実現するから、V字型の活性化が生まれるのである。

3　さらなる徹底化
──事業計画の「ストップ・ザ・未達」を実現させる

　行動の変革によって、意識改革が進んでくる。企業カルチャーが変わり始める。その先にあるのは、未達をストップさせる会社の実現。これが究極の徹底会社の姿だ。前節でリストアップした8点の導入項目は、

組織にカルチャー変革を誘発させる第1弾メニューであった。

　このメニューを本気で実行すれば、確かに会社は変わり始める。しかしその変化は、まだ会社の表土の部分の変化にすぎない。事業計画という企業の最重要な領域で、未達をしない徹底会社となるためには、会社の地盤そのもの、土壌そのものを、丸ごと変化させなければならない。

　第1弾の改革は、別の言い方をすれば、経営者が外から自社の組織に向かって行う価値観の擦り込み作業である。図表7-1で経営者の位置を社員集団の外においているのは、そういう意味合いを込めてある。

　しかし、第2弾の究極のカルチャー変革は、経営者が行う、自社の組織に対する内なる戦いの作業である。この段階では、会社は別の意思を持っている物体であるかのごとく、経営者の前に立ちはだかる。

　皮肉なことに、経営者は自分の会社なのに、その組織に対して戦いを挑まなければならない。組織は未達の自己責任を潔く負おうとはせず、外部の経済環境や競合他社の優秀さを理由に挙げて、他責の領域に逃げ込もうとする。経営者はそれを逃がしてはならない。経営者対組織の戦いに勝つには、経営者の冷酷性を包み隠さない不退転の決意、「いい子」にならない不寛容の精神が必要だ。

　図表7-3は、どうしたら事業計画の実行段階で「徹底力」を生じさせられるか、そのメカニズムについてまとめたものである。ここにあるのは、未達を許さない経営者の「関所」である。これが第1の条件。第2の条件は、「事業計画の作成→実行→フォロー」のプロセスで、適切なマネジメントのフレームワークを持つことである。

◆条件1　未達を許さない経営者の関所
トップが不退転の決意で、未達を許さないリーダーシップを発揮しようとする姿勢を持つ。

　計画の実行とそのフィードバックの段階、つまり、PDCAのDCAの段階で、会社のマネジメントが甘々だったら、組織内に未達病はどんど

図表7-3 ▶ 組織に事業計画実行の「徹底力」を生じさせるメカニズム

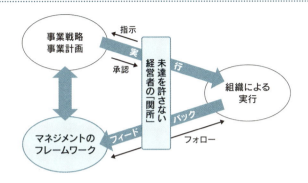

ん蔓延する。トップが「未達は絶対に許さない」という関所を設けなかったら、ユルユルやグズグズの会社にすぐ成り下がる。

つまり、経営者は会社の中に、「未達を許さない」という企業カルチャーを作る責務がある。翻っていうと、そういう企業カルチャーが育っていない会社は、経営者の「絶対に未達をしない会社にする！」という決意が弱いからである。

未達病から脱却できない会社は、社員が悪いのではなく、経営者が弱いことが病気の根本原因だということを、自ら肝に銘じる必要がある。

◆条件2　計画の進行管理ができるマネジメントのフレームワーク
売上・原価・利益という企業の基本的な目標に対し、それを実行組織が担保できるマネジメントツールとしての枠組み（フレームワーク）を持っていること。

徹底力とスピード力をつけさせる対象は会社組織全体であるから、経営者のリーダーシップだけでは完璧ではない。組織の「計画→実行」の進行度合いを管理ができるマネジメントの枠組みが必要である。

具体的には、日本電産は「事業所制」と「週次管理」というマネジメント・フレームワークを持ち、事業所ごと、週ごとに売上・原価・利益

図表7-4 ▶「徹底力」をつけるために必要なマネジメントのフレームワーク

		営業	生産	開発
全社共通	売上・原価・収益管理	①日本電産流「事業所制」(内部仕切り制) または ②京セラ流「アメーバ会計制度」(小単位経営方式)		
	目標・方策の全社部門間調整	トヨタ式方針管理		
	多頻度管理	1週間ごとの売上・原価・利益の全社管理 (日本電産の「ウィークリー・リスク会議」など)		
部門別		営業力強化のメソッド (本書の第2〜5章で紹介した手法など)	①日本電産流コスト削減手法など ②その他QCDを強化する種々の手法	品質・コスト設計手法 (田口メソッド／QFD [品質機能展開法]など)

の自律管理ができるツールがあり、全社がこの仕組みの中で動いている。

　同じように、京セラには「アメーバ会計制度」があり、企業内の小さな単位まで、売上・原価・利益の経営が行き届き、進行管理ができる仕組みになっている。

　また、トヨタは「方針管理」と「機能別管理」の2つのマネジメント・フレームワークによって、量と質の非常に高度な経営管理を行っている。これによって、全社のPDCAのマネジメントが「金太郎飴」と呼ばれるほど標準化され、強い企業体質を作っている。図表7-4にそのフレームワーク類を例示した。

　これらの例でおわかりのように、徹底力の強い企業は、必ずといってよいほど、徹底力を裏づけるマネジメントのフレームワークを持っている。このマネジメントへのこだわりが、徹底力を組織内に貫徹しようとする企業の特徴である。

　それでは、2つの条件のうち、1つを欠いたらどうなるか？　たとえば、経営者が関所だけを作って、達成力強化のマネジメント構築を怠っていたら、どうなるか？

　その実例は、昨今、世上を賑わしている大手情報・家電企業での、組

織ぐるみの利益操作問題で明らかである。経営者が関所だけを厳しくして、適切なマネジメントのフレームワークを経営者が用意しておかないと、組織は経営者からの厳しい目標達成要求に対応できず、数字操作に走るという悲劇的な結末を迎えてしまう。

　強い経営者は同時に、組織の徹底力を担保できる、強いマネジメントのフレームワークを持っていなければならないのである。

トヨタの徹底力を考える

Coffee Break

　日産自動車でのサラリーマン生活が長かった私にとって、仕事のうえでのライバル企業のトヨタ自動車は、企業カルチャーでも、マネジメントの手法でも日産とは全く異なる会社であり、特別に関心のある会社であった。

　私が日産に入社した1967年から70年代初めまでは、日産、トヨタの国内マーケットシェアはほぼ互角であり、「TN戦争」と称された激烈な競争を演じた。しかし、その後のトヨタは日産をはるか遠くに置き去りにし、今や名実ともに世界屈指の自動車会社に登り詰めた。

　ある異業種交流会での話である。そこに出席しておられたトヨタの役員さんに、私はそのようなトヨタの強さについてお尋ねした。すると、その役員さんからの答えは次のようなものであった。

　「トヨタの強さは、『かんばん方式』のような、もの造りの強さは、もちろんあるかもしれませんが、本当の強さは『フォローの徹底』です」

　「えっ、そんな簡単なことですか？」との私の質問に対して、この役員さんからの続いての話は、「トヨタは愚直な会社なんですよ。トヨタでは計画と実績の差異が出たら、再発防止のために徹底してPDCAを回します。もの凄く地道なところを徹底して追い込んでいくのが、トヨタの強さだと思います」

　以下では、このあたりの点を私のささやかなトヨタ研究を含めて解説しよう。

図表7-5 ▶ トヨタの組織に「徹底力」を生じさせる3つの強さ

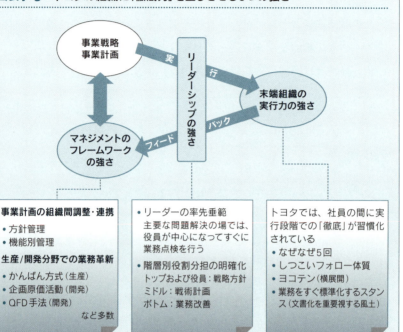

① リーダーシップの強さ
- トップ・役員の率先垂範
  トヨタはトップマネジメントの危機意識の非常に強い会社であるといわれる。それが今日のトヨタを引っ張ってきている。主要な問題解決の場面では、役員の動きが早い会社である。役員がすぐに業務点検を行って、手を打ちに動く。
- 階層別役割分担
  トヨタでは、「方針管理」が根づいている会社だけあって、「トップ・役員＝戦略方針」「ミドル＝戦術計画」「ボトム＝業務改善」というように役割分担が明確である。

②末端組織の実行力・徹底力の強さ

　トヨタでは、社員の間に実行段階での「徹底」が習慣化されている。トヨタ社員を称して「金太郎飴」と言われるほど、トヨタのこのエリアでの強さが際立っている。

　「ルーティン」という言葉は、ラグビーワールドカップ2015での五郎丸歩選手のキック前のフォームで一躍有名になったが、トヨタは、社員が仕事をするにあたってのルーティン（業務標準）が徹底されている。

　ルーティンの徹底化と没個性化、歯車化とは違う。戦略経営を標榜する欧米の会社は、この部分を軽視しているが、全社一丸の組織力経営を確立したい場合には、どうしてもこの末端組織のルーティンの質を上げておかなければならない。この部分の徹底化の体質ができている会社は、経営者がそれだけ時間と情熱を社員に対して注いできた証拠である。

③マネジメントのフレームワークの強さ

　第2節で、「徹底の企業カルチャー」を持っている企業は、優れた独自のマネジメントのフレームワークを持ち、それがトップの優れたリーダーシップと相まって「徹底力」の体質が生まれていることに触れた。その中でも、トヨタのマネジメント手法の強さと継続性は際立っているといってよい。

- 全社共通のもの
  - 方針管理……全社の事業計画の目標と方策をトップからボトムまで、上下左右に共有化させてブレークダウンしていく手法
  - 機能別管理……機能別組織の弱点である「縦割りの組織運営」の弊害を補うために、営業、品質、原価、技術などの経営の大項目について、部門横断的な横串を通すマネジメント方式
- 部門固有のもの
  - かんばん方式（トヨタの生産管理・サプライチェーン管理の背骨・神経・筋肉となっているもの）
  - トヨタ実験計画法
  - QFD（品質機能展開法）
  - 企画原価活動

ここで特筆すべきことが2つある。1つは、これらの手法のほとんどがトヨタ発である点だ。この中には、「かんばん方式」「QFD」や「トヨタ実験計画法」（のちに「田口メソッド」として発展）など、世界中の企業のお手本となっているものがあるように、トヨタという会社は、手法の宝庫といってよいほど、手法を発明するのが得意な会社である。

　2つ目は、マネジメントの継続性である。上記に列挙した手法の中で、「方針管理」「機能別管理」「かんばん方式」は、トヨタ3大手法ともいうべきものである。

　しかし特筆すべきは、その手法が生まれたのは、今から50年も前の1960年代半ばであるという点だ。当時のトヨタの企業規模は売上高で1200億円、利益で110億円（1965年単独決算ベース）と現在の220分の1（連結ベース）であり、欧米の自動車メーカーが歯牙にもかけない存在だった。

　三河のローカル企業であった時代から、世界屈指の企業となった今日に至るまで、トヨタは、この50年前に自分が編み出した手法を使い続けている。半世紀前の手法をいまだに墨守し続ける企業など、今日の日本に、いや世界であるであろうか？

　その間、経営者は7人変わっている。まさにトヨタは、経営者の属人性に左右されない、組織で動く企業といえる。マネジメントの軸が企業の中にしっかりとビルトインされて、徹底の企業カルチャーを営々と拡大再生産しているのである。

第8章

企業カルチャーを変革する

1 優れた会社に変えていくための3要素

　この最終章で述べることは、第2章から第6章で紹介してきた個別のメソッド論とは異なり、日本電産が企業を丸ごと改革する場合の改革スタイルに焦点を当て、それをできるだけ一般企業に展開できるように、一般化した形で述べるものである。

　日本電産が短期に企業を丸ごと改革する「レシピ」において、ポイントになると私が考えるのは、「リーダーシップ」「業務革新のメソッド」「企業カルチャー（意識改革）」の3つである。

　世の中の多くの経営者の方々は、優れた会社と、そうでない会社を分けるものは何かを必死に考え、それを見つけて、自社を変えようとしておられる。私も日本電産で会社の再建という仕事を行いながら、企業を強くする普遍的な要素とは何かを、七転八倒の苦労の中から探ってきた。

　幸い、私の周りには日本電産が過去四十数社をM&Aし、それらを1社の例外もなく再建してきたという事例があふれている。その事例の1つ1つを検証しながら、それらに共通する、赤字会社を優れた会社に変えていくポイントは何か、それを一般化、モデル化することを試みてき

図表8-1 ▶ 優れた会社に変えていくための3要素

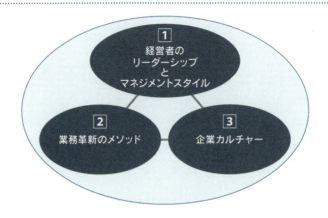

た。図表8-1がそれである。これは日本電産の多くの成功事例に当てはまると思われるので、世の中に通用する普遍性を持っていると考えてよいだろう。

①経営者のリーダーシップとマネジメントスタイル

リーダーシップは、会社のトップとして「社員を統率する力」であるが、日本電産の永守社長がトップに求める資質として挙げておられるのは、次の3つである。

「1つ目は社員を動かすため、自分の考えていることを伝える『訴える力』。2つ目は白か黒か、右か左かを決める『決断力』。3つ目は『絶対逃げないこと』。どんなに優秀でも逃げるやつはあかん」（『日経ビジネス』2016年1月11日号）。

「プロローグ」でも述べたように、企業とは、経営者が渾身の力を込めて自分の「作品」を作り上げる場である。企業の善し悪しは、経営者の作品の出来栄えである。自分の想い、方向性を社員集団に向かって訴え、価値観の擦り込みを行って企業カルチャーを変えなければならない。

一方、経営者は企業内において絶大なパワー（権力）を持っている。

このパワー行使を間違えると、組織はとんでもない方向に暴走する。昨今の一部企業に見られる例を前章で取り上げたが、経営者が業績回復を願うあまりに、経営目標必達だけを、パワーハラスメント的に組織に強制すると、組織は経営者が意図しない反応を起こすようになる。
　その意味で、優れたリーダーシップはスタイルが重要である。上述した「専制君主型」や「叱咤激励型」のプレッシャースタイルではなく、リーダーとしての厳しさを持ちつつも、社員集団を「なびかせる」能力のある「求心力型」のマネジメントスタイルが求められる。
　日本電産では、1年間という短期間に社員から大きなアウトプットを引き出す必要があるので、特にグループ会社のリーダーのスタイルが重要視される。
　経営者のマネジメントスタイルに関して、私見を述べさせていただくならば、山本五十六の次の言葉に尽きるのではないだろうか。
　「やってみせ、言って聞かせて、させてみせ、ほめてやらねば、人は動かじ」
　これは山本五十六の座右の銘として有名である。山本五十六の言葉としてはその他に、「話し合い、耳を傾け、承認し、任せてやらねば、人は育たず」や「やっている、姿を感謝で見守って、信頼せねば、人は実らず」というものもある。
　連合艦隊司令長官として、命令一本で兵士を死地に赴かせることのできる立場の人であっても、「人や組織はどうしたら動くか」についての深い洞察があることがうかがえる。このように集団を変えるには、経営者の奥の深いマネジメントスタイルがカギとなる。

②業務革新のメソッド
　第2章から第6章の中で述べた日本電産の各メソッドや、本書の随所で触れてきたトヨタの「方針管理手法」、京セラの「アメーバ会計制度」などがこれに相当する。

③企業カルチャー

「企業カルチャー（文化）」は、少し前には「企業風土」といわれた時代がある。さらにその前には「社風」という言葉で説明された。どちらも「風」という言葉が入っているように、形になって見えるような、あるいは、明示的なものではないために、このような言葉が使われるのであろう。

しかしながら、企業の体質的なもの、性格的なものを形づくるうえで非常に重要な要素であり、企業を改革するうえで避けて通ることができないものである。人の性格にはいろいろな種類があるように、カルチャーにも当然種類がある。

柔らかいカルチャー、固いカルチャー、クリエイティブなカルチャー、外部志向のカルチャー、内部志向のカルチャー、官僚的なカルチャー、未達を繰り返すカルチャー、茹でガエルのカルチャー……。

前章で取り上げたのは、「スピードと徹底のカルチャー」である。これは今日の競争激動の時代を勝ち抜くために、最も必要なものとして取り上げた。企業カルチャーについては、次節でもう少し突っ込んだ説明をしたい。

2　企業カルチャーとは何か

◆企業カルチャーの定義

そもそも「企業カルチャー」とは何か？　この一見捉えどころのないものを説明するために、ここでは少々理屈っぽい話から始めなければならないことをご容赦いただきたい。

企業カルチャーの定義に関しては、少し古くなるが、1985年に三菱総合研究所が優れた研究レポートを出している。このレポートは、企業カルチャーをどう変革するか、という方法論に関するものであるが、そ

図表 8-2 ▶ 企業カルチャーとは？

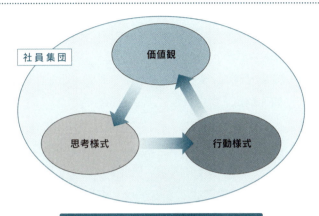

社員集団の中に共有・伝承されている
価値観、思考様式、行動様式の集合体である

の中に、企業カルチャーについては、神戸大学助教授(当時)の加護野忠男氏の定義がある。

それによると、「企業カルチャーは、企業の構成員(社員集団)によって共有・伝承されている『価値観』『思考様式』『行動様式』の集合体である」としている (三菱総合研究所「マネジメント'90——成熟・異質・創造の時代における戦略的組織構築に向けて」)。

この定義をもとに私なりに整理したのが図表8-2である。この文献は少々古いが、企業カルチャー問題は、企業にとっては古くて新しい問題であり、文献の古さ、新しさは問題ではないと思われるので、以下では加護野氏の見解を使っていくこととしたい。

経営者の皆さんからよく聞く言葉に、「ウチの社員は『危機感』がない」というのがある。この危機感のある、なしがここでいう「価値観」に相当する。だから、企業カルチャーを変えようとする場合は、社員の価値観に働きかけて、価値観を転換させ、価値観から誘導される「思考

様式」と「行動様式」を変えていかなければならない。

　また、社員の皆さんにお尋ねすると、「私は、もちろん危機感を持っています」という答えが返ってくる場合が多い。

　しかし、その人の思考・行動レベルを見ると、たとえば顧客に対する営業トークや提案内容に、依然として改善の工夫が見られなかったり、行動面での訪問件数が、相変わらず、20～30件台の低いレベルのままの場合が多い。これでは、「気分」だけの価値観の変化であって、本物の転換ではないことになる。

　ここでなぜ今頃、30年以上前の古い研究レポートを持ち出すかについて、少し説明しておかなくてはならない。当時、私は日産自動車の企画室の課長だった。社長が石原俊氏から久米豊氏に交代になり、就任したばかりの久米氏から、「社風を変えたいから、どういうプロセスを入れたら、社風が変わっていくかのプログラムを作成するように」とのオーダーを受けたことが契機となっている。

　「プロローグ」で述べたように、それまでの私は、日産でのサラリーマン生活を続けながら、異常な労使関係の改革を自分のライフワークと定めていた。それが成就した後に取り組んだのが「社風改革」であった。

　数十年にわたって続いた異常な労使関係の余波で荒れた企業風土を変えるという仕事は、私のライフワークの続編にもあたる仕事であり、私もこの仕事に情熱を持って取り組んだ。

　プロジェクトチームのリーダーに任命されたものの、通常の業務課題とは大きくかけ離れたテーマに正直面くらい、文献らしい文献もない中で、それらしいと思われる分野を専門とする大学の先生方やコンサルティング会社を訪ね歩き、教えを乞う中で見出したのが、この三菱総研のレポートだったのである。

　幸い、プログラムの内容が功を奏してか、久米氏を先頭にした４年間の社風刷新運動は、予想以上の成果を生んだ。開発部門では「シーマ」

が大ヒットし、「Be-1」や「フィガロ」をはじめとするパイク・カー商品群（限定生産車）などを次々に市場に投入した。また、工場部門は飛躍的に生産性が向上し、「日産、復活！」とマスコミに喧伝され、一時トヨタの心胆を寒からしめるに至ったことがあった。

　私はそれによって社風改革、今様の言葉でいえば企業カルチャー変革という、企業の管理職が望んだとしても得られない貴重な経験をさせてもらったわけであるが、同時に、企業カルチャーを変革させると、今まで眠っていた企業が、どれほどとんでもない「化学反応」に近い連鎖的変化を組織の隅々にまで起こすものか、という事実を当事者の1人としてまざまざと実見させていただいた。

　企業が自らを変えるということは、業務改革運動をいくらやっても得られないようなもの凄い変化を企業自身が起こすことである。まさに企業が目の前で「生まれ変わる」のだ。

　それ以来、私は注意して、企業カルチャー変革に関する文献、書籍をウォッチしてきているが、私の知る限りでは、いまだ三菱総研のレポートを超えるような本格的な研究レポートは出ていないように思われる。

◆意識改革とは、社員の価値観を変える作業である

　さて「意識改革」は、日本電産や京セラが、企業改革で最も重要視するファクターであるが、この意識改革が企業カルチャーを構成する3要素（図表8-2）とどういう関係があるか、そのあたりから論を進めたい。

　図表8-3にあるように、意識改革とは、経営者が社員集団に共有・伝承されている古い価値観を、望ましい、新しい価値観、たとえば、今日私たちが最も必要とする価値観である「徹底」と「スピード」に変換させる作業である。

　この望ましい価値観への「擦り込み」によって、強い思考様式、行動様式に進むものであることは、第7章でも同じ図を使って、説明したとおりである（図表8-4）。

図表 8-3 ▶ 意識改革とは？

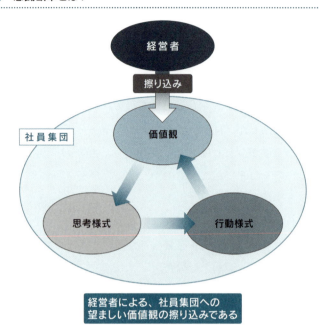

図表 8-4 ▶ 経営者による望ましい価値観の擦り込みと変化

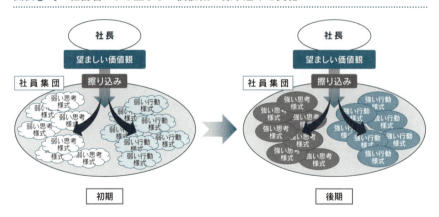

この価値観という代物は、会社の中の「生活者たる」社員の間に「あるべきもの（それが正しいものにせよ、間違ったものにせよ）」として、代々共有・認知されてきた思考・行動上の鑑であり、どういう価値観で思考・行動すれば、この会社で「善し」とされるかについて、合意されてきた精神上の枠組みである。

　たとえば、ネガティブな価値観でいうと、経営者が「何でも言いたいことが言える会社にしたい」と宣言しておきながら、あるときにそれを受けて経営者に直言する社員が現れたが、その人が直言したことによって左遷されたとすると、「直言すれば、飛ばされる」という伝承説話が組織の中に代々受け継がれて、「直言してはいけない」という価値観が形成される。こういった類いの話である。

　こうした社員の心の中に共有されている歴史的産物とも称すべき価値観は、ちょっとやそっとの働きかけで一朝一夕に変わるものではない。このちょっとやそっとで変わらない価値観というものが、企業カルチャーを変えようとする場合の最大の障害要因となるのである。

　私たちの周りには、素晴らしい企業カルチャーを持った会社と同時に、もう少しどうにかならないのかと思える、悪しき企業カルチャーを引きずっている会社も散見される。

　社員が顧客志向を忘れたような、社内ばかり向いている官僚的な会社。外部や顧客に対する対応がイライラするほど遅い、スピード欠如の会社。計画が満足に達成されたことのない「ダラダラ会社」など……。

　外から見るとそれが非常によくわかるが、企業の中にいる人たちは、全くその問題に気がついておらず、全員が、昔から共有・伝承されてきた悪しき企業カルチャーを、昨日も今日も牢固として変えずに繰り返しているのである。この悪しき価値観を意識改革によってぶち壊さない限り、企業は生まれ変われない。

◆企業カルチャーの変革プロセスのまとめ

　第7章から第8章の冒頭まで、企業カルチャーに関して、いろいろな図表を使って説明してきた。似たような図があってわかりづらい部分も多いので、ここで少し流れを整理してみよう。

①優れた会社の3要素

　この3つが水準を抜くレベルで揃っていることが望ましい点は、本章の冒頭で述べた。優れた会社は、リーダーシップは当然として、他の2つ、メソッドと企業カルチャーを、高いレベルで併せ持っている。

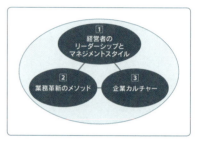

　それを本書では、日本電産やトヨタの事例を引きながら随所で説明した。2つの中の1つ、メソッドは、仕事を行ううえでのやり方であるから、これを組織全体で、高いレベルで持つことの重要性は、いうまでもないだろう。

　またメソッドは、目に見えるもの、明示的なものであるからわかりやすい。一方の企業カルチャーは、非明示的なものであるから、わかりづらい。そのわかりづらい企業カルチャーを本章の冒頭で、模式図で表現を試みた。それが次の②である。

②企業カルチャーとは何か？

　企業カルチャーとは、この図にあるとおり、価値観、思考様式、行動様式の集合体だが、中心を成すのは価値観である。これが、組織の構成員の心の中に長年にわたって共有・伝承され、牢固としたものになっている。

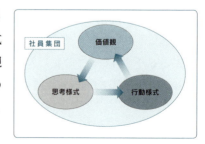

悪しき企業カルチャーの会社には、悪しき価値観が支配的となっている。では、悪しき企業カルチャーが企業の中に巣食っていたら、それを治すには何が必要なのか？　どうしたらカルチャー変革ができるのだろうか？

③意識改革の意味

　それが、経営者による意識改革作業であることを、右図で示した。これは望ましい価値観が、古い価値観に取って替わるように、経営者によって行われる価値観の擦り込み作業であるが、これは経営者しか行えない作業である。

　では、どのようにして社員集団の価値観の擦り込みを行って、悪しき価値観に凝り固まっているものを解きほぐし、望ましい価値観に染め上げていくかについては、後段で詳しく述べたい。

④価値観の擦り込みによる思考様式と行動様式の変化

　経営者の擦り込みによって価値観が変わっていくと、社員集団の思考様式と行動様式に変化が起こる。

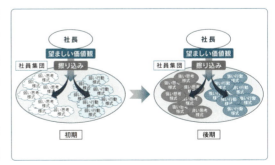

　組織が悪しき価値観に支配され、思考・行動様式が弱い場合は、組織には負のスパイラルが働き、「悪貨は良貨を駆逐していた」が、望ましい価値観に変わっていくと、組織の思考・行動様

式が強いものに変化し、「良貨は悪貨を駆逐する」ようになる。

経営者が望んでいた企業カルチャーが生まれ、「ダラダラ会社」が「徹底会社」に変わる。「『キビキビ・徹底会社』は素晴らしい」と社員の誰もが思うようになり、変化の成功体験を経験した企業は、二度と元に戻ろうとはしない。

⑤ 会社に「徹底のカルチャー」を生じさせる2つの条件

今日の経済環境、競争状況を考えると、企業にとって最も望ましいのは、「スピードと徹底」のカルチャーを会社の中に作ることであろう。その中で、最も重要で、しかし作るのが難しいのが、「徹底」のカルチャーだ。この典型的なモデルはトヨタに見ることができる。トヨタは数十年かけてこの企業モデルを作り上げてきた。

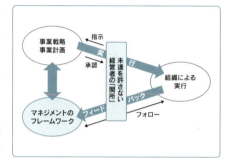

一方で日本電産は、買収した赤字会社を1年以内に黒字化するというV字回復の「離れ技」でグループ企業価値を年々向上させてきた。日本電産は「M&Aのプロ」の評価が高いが、その秘訣の1つが、いったん立てた事業計画を計画どおり達成するという「徹底のカルチャー」を持っていることである。買収した会社が持っていない場合は、1年以内にこれを作り上げる。

このカルチャー作りでは、今日の日本企業で日本電産の右に出る企業は見当たらないといっても、過言ではない。

⑥「スピードと徹底のカルチャー」実現のための導入項目

上記で述べた経営者による意識改革活動を行いながら、スピードと徹底の実行力を具体的につけていくために、基本的な項目を選んで、実践

していく。

　第7章では、筆者の経験に照らして、8項目での実践活動を推奨した。これらの項目が7〜8割方達成するまで、徹底して深掘りする。そうすると、会社はスピードと徹底性の面で、相当締まってくる。

部署		対象項目	3カ月以内	6カ月以内	1年以内
営業	徹底	1人当たり訪問件数	月50件	月100件	
		1人当たり見積り件数	1日0.5件	1日1件	1日1.5件
	スピード	顧客問合せへの回答	翌日	即日	
		見積り回答	3日以内	24時間以内	
生産	徹底	時間当たり生産	朝一番ロケットスタート	30％改善	50〜100％改善
	スピード	客先への品質不良回答	第1次回答 3日以内	最終回答 1週間以内	
会社	徹底	5S	50点以上	80点以上	100点
	徹底	週次会議	事前準備	実施	

「戦略経営力」と「地べた経営力」

　ビジネススクールで教えられる経営学では、第7章の中心課題であり、組織運営上の重要要素である「徹底力」と「スピード力」の話などは、ほとんど取り上げられることはない。取り上げられるのは、専ら「高度な」戦略論である。「ポーターの競争戦略」「コアコンピタンス理論」「プラットフォーム戦略」「商品・市場戦略」など……。多くの大企業は、優秀な社員をビジネススクールで学ばせ、経営トップが彼ら戦略軍団を駆使して、経営戦略を構築し、実行する。
　「戦略」は、企業が拠って立つ現在のパラダイムを変更させ、より高収益のパラダイムへとシフトさせるものであるから、そのような「ブルーオーシャン」が見つかり、戦略が当たれば、得られる効果は非常に大きい。このような「戦略経営力」は、状況を一変させる力を持っているから、戦略経営力を磨くことは非常に重要であることはいうまでもない。
　しかし今日では、そのようなブルーオーシャンが見つかる余地はどんどん少なくなっているのが実情であろう。仮にそのようなブルーオーシャンが見つかったとしても、すぐに参入企業が現れて、たちまち「レッドオーシャン」化

する。もし参入してきた企業が、スピード力と徹底力で勝れば、せっかくパラダイムシフトできても、シフトした先で勝者になれない。

「市場があれば競争があり、競争があれば生死がある」(「中国共産党新聞網」2016年1月29日〈注：中国共産党ですら、このようなことを言っているので紹介した〉)。この言葉のとおり、今日、私たちの企業の周りはレッドオーシャンだらけである。その中を企業経営者は、既存の競合会社と戦い、新規参入会社の出鼻をくじきながら、一戦一戦勝ち進まなければならない。

日本電産が買収企業再建(勝ち残り)の初期段階で最も力を入れるのは、戦略経営力ではない。現在の拠って立つパラダイムを「是として」、その上に立って戦える、スピード力と徹底力を核とした経営力である。つまり、現状のパラダイムを否定せず、これを修復、強化する経営である。そのために強い「メソッド」を入れ、企業カルチャーを改革するのだ。

日本電産在籍の当時の私は、これを「地べた経営力」と呼んでいた。つまり、レッドオーシャンの格闘戦で勝ち抜ける体力・体質を1年以内につけさせるのである。ビジネススクールがあまり取り上げたがらない、組織的「愚直さ」の徹底である。

戦略経営力をつけさせるのは、その後でよい。だからグループ企業が、中国などの「海千山千」企業がウヨウヨいる新興国に出ていっても、打ち負けしない。人間でいえば、いくら脳回路(戦略経営力)が優れていても、体幹・体質(地べた経営力)が貧弱であれば、持久戦で戦えないのと同じである。

また、地べた経営力の有無は、組織力にも通じる。強い業務革新メソッドと企業カルチャーが全社を貫いている会社は、図表8-5のようにオールの方向が揃ったボートにたとえられる。このようなボートは、レッドオーシャンの波浪にも打ち勝って進むべき方向に進めるが、オールの揃わないボートは、レッドオーシャンの荒海の中を漂流・迷走することになる。

では、組織的愚直さの徹底をめざす地べた経営力とは何か？

それは、本章の冒頭で掲げた模式図を使って表現すれば、3要素の図の中の四角の枠で囲った部分である(図表8-6)。この部分は、経営者のリーダーシップの下に位置しているから、経営者が会社経営を行ううえでの「インフラ」となる部分でもある。良いインフラ、つまり良い「地べた」を持っていれば、経営は非常に楽である。

2010年1月に負債総額2兆4000億円で倒産したJALを、京セラ創業者の

図表8-5 ▶「地べた経営力」の強い会社・弱い会社

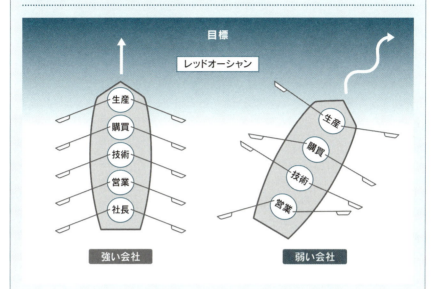

図表8-6 ▶ 優れた会社に変えていくための3要素と「地べた経営力」

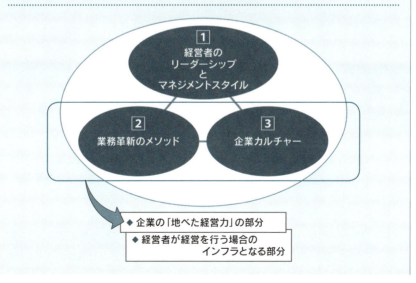

第8章 企業カルチャーを変革する

稲盛和夫氏が乗り込んで、わずか2年8カ月で再上場させた再建物語は、記憶に新しいところであるが、その再建の骨格となったのは、戦略経営ではなく、この図にあるインフラ部分の刷新、私の言葉を使えば、地べた経営力の強化、つまり、JALのカルチャー改革と京セラ流メソッドの導入の2つであった。

「JAL再建の両輪となったのは『意識改革』と（メソッドとしての）『部門別採算制度（アメーバ会計制度）』です。これにより、今までのJALでは『当たり前』が根本から覆りました」（JAL意識改革・人づくり推進本部グループ長の伊勢田昌樹氏）。

　ここでもう少し、読者の皆さんにはコーヒーブレイクを延長していただいて、もう1つ話題を提供しよう。それは、なぜ企業改革には「業務革新メソッド」以外に「企業カルチャー」変革が必要なのか？　という問題である。

　優れたリーダーシップがあって、優れたメソッドがあれば、それで十分ではないのか？　なぜ経営者が、面倒で手間ひまのかかる、意識改革作業や価値観の擦り込み作業をやってまで、企業カルチャーを変えなければならないのか？　という問題である。

なぜトヨタのメソッドを完璧に導入しても、トヨタになれないのか

Coffee Break

　これは、ハーバード・ビジネススクールでトヨタ研究の講座を持つ、インド出身のアナンス・ラマン教授が語った内容である（ダイヤモンドオンライン、2015年11月25日）。

　ラマン氏はトヨタの効率的な企業経営に感銘を受け、それを研究してハーバードで教授になった人であるが、長年の疑問は「あれだけたくさんの企業が、トヨタに近づこうとしてトヨタ方式を学ぶのに、どれだけ真似しても、な

ぜトヨタになれないのか？」であったという。そこで、その秘密を知ろうとして、ケンタッキー州にあるトヨタの工場を初めて訪れた。

「トヨタはハーバードの教員である私に、包み隠さず生産の過程を見せてくれました。しかもビデオで撮影してもよい、と言うのです。そこで私は思わずアメリカ人のマネジャーにこんな質問をしてしまいました。

『私がこの工場を見学しているのは、ハーバードのケース教材を書くためであることをご存じですか。トヨタの生産方式の秘密をすべて書いてしまいますよ。そうなれば他のメーカーもマネしますよ。見学者に見えないように30フィートぐらいの壁を作ったほうがいいんじゃないですか』と。

すると彼はこう言いました。『外側をマネできても、マインドはなかなかマネできません。トヨタの社員と同じマインドを持たなければ、同じような結果は出せないのです』。

その瞬間、ようやく私は他の企業がどれだけ真似しても、トヨタになれない理由がわかりました。つまり、表面的なことを模倣するだけではダメだったのです。マインドからトヨタ式に変えなければならなかったのです。トヨタは、リーダーが企業文化を作る会社です。それが社員のマインドを変えているのです」

日産は1970年代、トヨタの「かんばん方式」を研究して、そっくりそのままの形で導入したことがあったが、定着できなかった。同じく1980年代、トヨタが50年以上使いこなし、トヨタの「部門横断マネジメント」の柱となっている「方針管理」を全社に導入した。このときは私がマニュアルを書いた。しかし使われたのは、わずか3、4年で、経営者が変わると、自然消滅してしまった。

またGMは、トヨタのかんばん方式を自社に導入するために、1984年、トヨタとの合弁工場をカリフォルニア州に建設した。トヨタからはたくさんの人間が出向し、GMに教えた。しかしGMは、アメリカ国内にモデル工場を持ちながら、自社内にかんばん方式を浸透させられず、2009年に合弁契約は解消となり、工場も閉鎖された。

これらのことは、ラマン教授が指摘したことと共通の事柄である。優れたメソッドは、その会社の優れた企業カルチャーが背景にあって、光を放っている

のであって、メソッドだけ自社に移し替えても、自社の企業カルチャーを変えておかないと、同じ光を放つことはできないことを示している。

このことは、次のように言えるかもしれない。私が第2章から第6章までご紹介した営業強化と生産強化のメソッドも、ただメソッドだけを自社に導入しただけでは、「スピードと徹底の企業カルチャー」を作っておかないと、おそらくメソッドは、効果を十分には発揮できないであろう。

「メソッド」だけを導入する改革は、単なる「業務改革」であって、「企業改革」ではない。業務改革は自社比改善活動であって、これをいくら重ねても、他社との競争力を革新する企業改革にはならないのである。

❸ 営業組織のカルチャー変革──「小さな成功」とその連鎖

自社の企業カルチャーを、たとえば、「スピードと徹底のカルチャー」に変える場合、まずシンプルな8項目に絞って社員の行動変革を促したほうがよい、と第7章や前節の「まとめ」の部分で申し上げた。

ここでは、営業部門に特化して、その組織のカルチャー変革にあたって何をキーにして進めたらよいかについて述べる。当然、読者の皆さんは営業部門以外の会社のカルチャーをどのようなステップを踏んで行えばよいかが最大の関心事項であろうと思われる。それについては第4節以降で具体論を展開したい。

組織のカルチャー変革には起爆力の大きいものを使う。営業部門で起爆力の大きいものは、「訪問件数100件運動」である。これを使ってカルチャーの変革を行っていく。

◆「訪問件数100件運動」を突破口にして「成功の連鎖」を導く

営業部門改革の起爆剤としては、「訪問件数100件運動」が最も効果が高い。「効果が高い」という意味は、営業部門全体を巻き込み、いっ

たんこの体質を身につけると、一過性ではなくカルチャーとして持続する、という意味である。

　日本電産でも、買収会社の営業部門のカルチャー改革対策として、訪問件数100件運動を積極的に使う。

　この運動は、運動を始めた当座は、営業マンは相当ブツクサ言うはずだ。今まで午前中は会社にいて、パソコン仕事を行い、午後になって、やおら出かけていくようなスタイルをとっているから、月20〜30件で終わっているのである。

　このような、ダラダラの企業カルチャーにどっぷり浸かっている営業マンの生活習慣病を変えさせるのが、カルチャー変革の第一歩だ。だから経営者、営業担当役員、営業マネジャーは、絶対に手綱を緩めず、鬼になったつもりで取り組まなければならない。訪問件数をアップさせなければならないことを毎日、営業マンに言い続けるのだ。

　これを半年間続けると、不思議なことが起こる。今までガンとして上がらなかった訪問件数が、嘘のように上がり始める。それも、強制しなくても自然発生的に、である。

　これは営業マンの心の中に、「訪問件数を上げたほうが、自分にとって得だ」という価値観の変化が生じたからである。だから「思考様式」が変わり、「行動様式」が変わって、朝イチでのスタートをするようになったのだ。

　図表8-7は、営業マン100名前後の、ある上場企業の全国4支店の営業マンの1日当たり平均訪問件数の推移をプロットしたグラフである。運動を始めて数カ月はうんともすんとも動かなかった訪問件数がジリジリと上がり始め、1年後には目標に到達するまでになっている。月平均50件だった訪問件数が1年後には100件。100名の営業マンが200名に増えたことに相当する戦力増強が実現できている。

　では、なぜそういう価値観の変化が生じるのか？　それは、訪問すればするほど、引合いが取れるようになる。つまり、自分にとって得に

図表8-7 ▶ 訪問件数100件運動(営業マン1人1日当たり5件)の展開

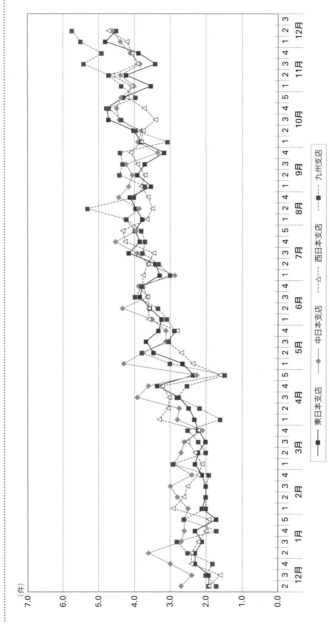

なることが起こったからだ。すなわち、「小さな成功とその連鎖」が始まったのだ。

図表8-8を見ていただくと一目瞭然だが、1人当たり月平均で10件前後だった引合い件数が25〜30件前後になっている。営業マンにとって、引合い件数が上がることほど嬉しいことはない。引合い件数が上がれば、当然受注件数も上がり、受注件数が上がれば、最終目標である売上が上がる。

このような成功の連鎖が各営業マンに起これば、あとはそれほど悪戦苦闘しなくても、組織の中に、一過性ではなく、後戻りしない、訪問100件を厭わない「徹底のカルチャー」が生まれる。そして、それを積み重ねていけば、売上未達病の根絶も射程距離内となる。

◆「小さな成功」とその連鎖が、カルチャー変革を持続させる

このような成功の連鎖を呼び起こすような仕掛けを用意すれば、企業カルチャーは少しずつ、しかし確実に変わり始める。図表8-9に、そのような成功の連鎖が生じることによって、カルチャー変革が進むプロセスを表した。

企業トップが、高い目標を組織に設定し、ハードワーキングを促しても、なかなか組織は動かない。それが、あるとき憑き物が落ちたように動き出す。それは小さな成功体験が組織に生まれ、それが繰り返されることによる成功の連鎖が、組織に「化学変化」を起こさせたからである。

そうなると高い売上目標もプレッシャーでなくなる。マインドも前向きになる。

「気分の良い部下は、良い成果を生む」という言葉がある。これは1983年に初版が発行され、今でも世界的ベストセラーとして読まれ続けている『1分間マネジャー』からの引用である。この言葉にあるような、部下の気分の良い状態をどう作るか。これが営業トップや支店

図表8-8 ▶ 営業マン1人1日当たり引合い件数の増加推移

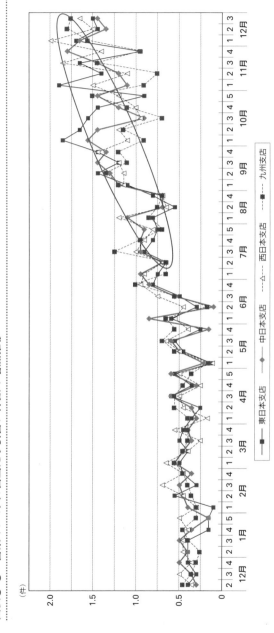

図表8-9 ▶ 企業カルチャー変革に必要な「成功の連鎖」

長、営業所長の役目である。

　図表8-10では、そのような優れた営業所にするための3要素を示した。これは、本章の冒頭で説明した「優れた会社に変えていくための3要素」を、営業所に置き換えたものである。

　具体的にいうと、営業トップや拠点長として、売上が欲しい部下に「こうしたら売上が増える」という切り口や作戦を授けられるかどうか、そのために部下とは次元の違う市場に対する高い視点を持っているか、あるいは、部下が苦労して取ってきた受注案件をただホチキスし、未達なら部下をコンコン叩くような収奪型、刈取り型マネジャーでなく、部下の足りないところを支援する育成型マネジャーかどうかである。

　このようなマネジャーのマネジメントスタイルの変化が、明るく強いチームカルチャーを作り、社員の価値観の大きな変化をもたらす。すると、トップ、拠点長への求心力が増幅する。そうなると一層、カルチャー変革への前向きな取組みに進展するのである。

図表 8-10 ▶ 優れた営業所になるための3要素

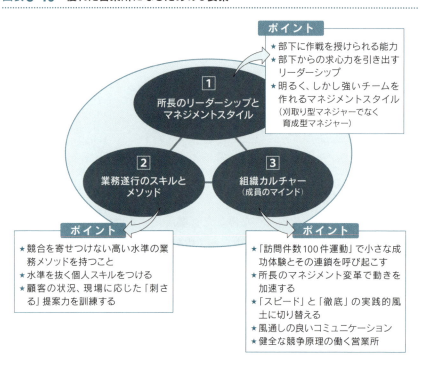

エディー・ジャパン 強さの3要素

2015年9月19日、ラグビー・ワールドカップ・ロンドン大会で、日本が優勝候補の一角、南アフリカ共和国を下した試合は、永く世界のラグビー史上での語り草となることは間違いない。現地のブックメーカーの予想では、南アの勝利倍率は1000ポンド賭けても1001ポンドにしかならないのに比べ、日本に1000ポンド賭けると11万2000ポンド戻ってくるほどだったそうで、誰しも日本の勝利など予想すらしなかったわけである。

それは、両チームの過去のW杯の戦績という、最もシンプルなデータを見ただけでも、たちどころにわかることであった。日本は1勝21敗2分。対する南アは、25勝4敗。1991年にジンバブエに勝って以来、24年間勝利なしの日本が、W杯での勝率が世界一という南アに勝つことなど、誰から見てもありえなかったことであろう。
　しかもラグビーは、体格が最もものをいうスポーツで、それが決め手となるため、番狂わせがほとんどないスポーツともいわれる。
　筆者は3年ほど南アに住んだことがあり、何回か現地のラグビー試合に足を運んだが、南アのメジャーチームの選手の体格の凄さは、間近で見ると圧倒されるほどである。なにしろ、二の腕の太さが私の大腿部の太さほどもある。
　しかし、そのフィジカルパワー世界最強にして優勝経験2回の南アを相手に、この日、エディー・ジョーンズ率いる日本チームは世界を驚嘆させるラグビー史上最大のアプセットを演じた。
　南アに勝利しただけでなく対サモア、アメリカに勝って3勝を挙げたが、それでも1次リーグ敗退である。1次リーグ3勝で敗退という史上初の出来事に対して、世界のマスコミは「最強の敗者」という言葉を贈って日本チームの偉業を讃えた。

　エディー・ジョーンズヘッドコーチ（HC）の2012年からの4年間の采配を企業経営になぞらえると、24年間無配の企業を、小振りながらも世界的なエクセレントカンパニーに、豹変させたことに匹敵する。
　経営コンサルタントの端くれに位置する筆者としては、この「名経営者」エディー・ジョーンズのチーム経営手法をどう捉えるべきであろうか。
　スポーツチームの経営は、一種の企業経営に通じるものがあるといわれる。その観点で見ると、ジョーンズHCの経営手法は、本章の冒頭で紹介した優良企業の3要素、「リーダーシップ」「メソッド」「カルチャー」のすべてを兼ね備えているといえる（図表8-11）。
　筆者はラグビーに関しては、1ファンにすぎないので、ここではラグビー論を論じるものではない。あくまでも経営コンサルタントとしての視点から、「経営者」としてのジョーンズHCのマネジメントの成功要因を、3つの要素に照らして、企業経営のケースに置き換えながら、以下にまとめるものである。

図表8-11 ▶ エディー・ジャパン 強さの3要素

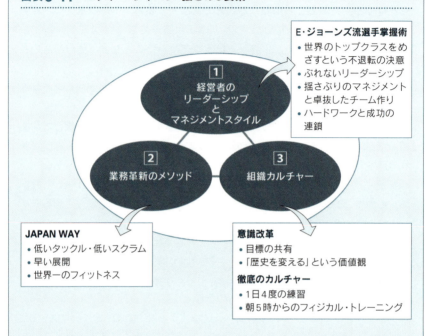

◆ リーダーシップ

①高い目標設定、不退転の決意、経営者的執念、自己管理

　ジョーンズHCの就任以来の目標設定は非常に高い。その実現のために、不退転の決意と執念でチーム経営に臨んでいる。日々、戦術研究に明け暮れ、睡眠時間は1日4時間。

　そして、チームを目標に近づけさせるために自らのToDoリストをノートに記し、2カ月ごとに進展を自己レビューするという。「選手に指導するように、自分自身も指導する。つまり、自分のコーチングに自らも従うんだ」（柴谷晋『エディー・ジョーンズの言葉』）。

②ぶれないリーダーシップ

　「絶対に勝つ」という思いをリーダー自身が高く維持し、選手以上にそれを

保持して、「JAPAN WAY」のメソッドと世界一のハードワークを4年間、ぶれることなく続けた。まさに「継続は力なり」の見本のようなマネジメントが、勝利の最大要因であったことが、関係者の証言から読み取れる。

③作戦策定能力と成功の連鎖、そして求心力経営

　勝つためにチームに課すハードワークは、年間合計160日間の合宿、1日最大4度の練習、朝5時からの筋トレ。合宿中は家族には一切会えない。ちなみに、南アチームの合宿日数はこの半分という。

　この超過酷な練習に、初めはすべての選手がついていったわけではなく、脱落組が多く出たという。しかし、それでも「ぶれない」マネジメントをやめない。やめずにハードワークを続けさせた結果、フィジカル能力は着実に向上し、今まで全く勝てなかった強豪国にどんどん勝てるようになる。

　2012年：ルーマニア、ジョージアに勝利（両国ともW杯の常連出場国）
　2013年：ウェールズに勝利（今まで12戦全敗）
　2014年：サモア、カナダ、アメリカ、イタリア、ルーマニアに勝利

　すると、当初バラバラだったチームにある変化が起こり始める。指揮官の作戦が正しいことが認識され、それに従えば自分たちも勝利を味わえることを、チーム全員が実感する。この「成功の連鎖」が、指揮官への求心力の高まりとなって作用し始めたのである。

　この求心力の向上が、さらに次の成功を誘発させる。

　企業経営的な視点で捉えると、「経営者の正しい作戦策定→小さな成功の実現→その連鎖→経営者への求心力増幅」という好循環が切れ目なく続いたことが、エディー・ジャパンがここまで成功を収めることができた要因だろう。

◆メソッド

①メソッドの集中と選択

　日本代表チームにとっての「地べた経営力」の課題とは、ワールドカップ常連チームにはない「JAPAN WAY」の確立。非力な日本人でも、巨漢に立ち向かえる低いタックル、低いスクラム、早い展開、効果的なラインアウト。そ

して、これを80分間通して支え続けられるフィジカル能力の保持。

　ジョーンズHCのリーダーとして偉大なところは、歴代HCが貫徹できなかったこの最も困難な「地べた経営力」の課題に、真っ正面から取り組んだことであろう。しかも、朝5時からの練習という、選手の誰もがたじろぐ、世界のどのチームもやらない形で。

　最大の課題から「逃げない」、必要なメソッドに「集中と選択」を行う。このことに尽きるだろう。そして成功するまでやる。ときには「鬼」となって。トップは、業績を上げるためには、「温情」と「冷酷」のバランス経営を行わなければならない。この企業経営の冷徹な原理を、「経営者」エディー・ジョーンズは、踏まえている。

　私事ながら、このジョーンズHCのマネジメントスタイルを見るにつけ、日本電産のカルチャーのバックボーンとなっている「3大精神（情熱・熱意・執念。知的ハードワーキング。すぐやる・必ずやる・できるまでやる）」を想起してしまう。

　「優秀なコーチというのは、選手から好かれるコーチではありません。最終的に選手から尊敬されるコーチです」（生島淳「リアル・ハードワーカー」）

②メソッドの徹底

　エディー・ジャパンの徹底ぶりは、半端ではない。選手の走力などを把握するために、選手の体にGPSをつけて走行距離データを集める。ドローンを使って空撮を行い、ボールから離れた選手の動きなどを広い視野で見て課題を見つける。さらに格闘技の専門家を招聘して、格闘戦のスキルを磨かせる。強豪国を上回る持久力をつけ、日本人に合った戦法を磨くのに、あらゆる手を尽くしたという。

◆組織カルチャー

　日本代表チームが「メソッド」だけに特化したチームならば、歴代HCも、それなりの強化指導をやってきた。しかし、エディー・ジャパンが突出して異なる点は、「地べた経営力」のもう1つのファクターである「カルチャー」を組織の中に確立したことではないだろうか？

　「日本代表には『勝つ文化』がなかった。エディーさんに呼ばれて初めて日本代表の合宿に参加したとき、私が感じたのは、『寄せ集め』というものでし

た。みんな、バラバラで、たがいに遠慮もあれば、上下関係もあった。なにより選手から感じられたのは、『なんで負けるチームに行かなければならないんだ』そういう空気でした」

　これは同HCに請われて2012年から15年まで、日本代表チームのメンタルコーチを勤めた、スポーツ心理学者の荒木香織氏が、その著書『ラグビー日本代表を変えた「心の鍛え方」』の中で、指摘しておられることである。荒木氏は五郎丸歩選手と一緒に、あの「五郎丸ポーズ」を編み出した人である。

　企業でも、トップが長期間リーダーシップを持続させることは非常に難しい。トップのリーダーシップが持続するには、そのリーダーシップを支持するカルチャーが集団の中になければならない。それをトップが仕掛けて作り、かつ途中で「成功の連鎖」を社員の中に実現させて初めて、自らのリーダーシップも持続させることができる。

　2014年以降、多くの選手が、「自分たちは歴史を変える」という言葉を発することが、多くなったといわれる。これは意識改革が成功し、選手の価値観が変わり、目標に向かってやるべきことを徹底するという、新しいカルチャーが定着し始めた証拠と見ることができるだろう。

　「コーチは、いつかは去る存在。しかし自分が来たときよりも、いい状態にして去るのがいいコーチだ」（柴谷、前掲書）

　この言葉どおり、「経営者」エディー・ジョーンズは、メソッドとカルチャーのインフラを作り、経営者としての「作品」を日本代表チームという「会社」に残して、2015ロンドンW杯終了と同時に去っていった。

　ジョーンズHCが残した4年間の過程は、また私たちにとっても大きな教訓となった。それは、どんなに困難な目標であっても、他者を上回る努力をすれば必ず達成できるということであろう。私たちは、このエディー・ジョーンズのマネジメントの中に、企業がたとえ弱小であろうとも、ナンバーワンになれる要素が、すべて内包されていることを見ることができる。

4 どうしたら企業カルチャーを変えられるのか

　今まで紙幅を費やして、企業カルチャー変革の必要性について説明してきたが、会社の末端組織にまで実行力を上げるためには、「地べた」の力を上げる必要があること、そのためには「メソッド」の力だけではなく、企業カルチャーをも変える必要があることは、理解していただけたと思う。

　ここからは具体的に、どうしたら企業カルチャーを変えることができるのか、その方法論について述べていくことにしよう。本章の冒頭で、企業カルチャーの中身が、価値観・思考様式・行動様式の集合体であり、悪しきカルチャーの場合は、悪しき価値観・思考／行動様式、良きカルチャーの場合は、良き価値観・思考／行動様式の塊として、代々組織の中に伝承されてきたものであることを紹介した。

　経営者はここで初めて、自社の企業カルチャーは、単なる業務命令では、変えることのできない代物であることを自覚する。会社の中に、自分の意思とは異なるアイデンティティが厳然として存在することに愕然とする。自分が手塩にかけた部下であるはずの社員集団が、牢固とした価値観体系で凝り固まっているのである。

　「社員が思うように動かない」——これは普段、経営者から最も頻繁に聞かれる言葉であるが、その裏に社員集団が、自らが「善し」とする価値観で動いていることを意味する。企業カルチャー変革とは、この内なる敵と化した社員集団の持つ組織力学との戦いであると規定することができる。

　具体的な方法論に入る前に、組織がアイデンティティを持っていることを理解していただくために、組織の持つ特性について、2つの観点から切り込んでいこう。

◆ **組織には3種類の社員がいる**

「火ダネ社員」とは、現状を問題視し、自ら火ダネを持ち、変革に能動的な社員。

「ヒラメ社員」とは、自らは火ダネを持たず、海の底にじっとしているヒラメのように、潮の流れ（会社の流れ）が変わったら、その方向に引きずられて動いていく、大勢順応的な社員。

「不燃社員」とは、変革の流れが強い奔流となっても動こうとしない、確信犯的な抵抗勢力の社員を指す。

会社にはこの3種類の社員が存在している。一般論として、その比率は、20：60：20といわれているが、この比率自体は、会社によって大きく異なる。後ろ向きのカルチャーの会社ほど、火ダネ社員比率は少なく、ヒラメ、不燃社員比率が大きくなる。

なぜトップがいろいろと訴えても、組織がそう簡単には動かないのかは、このヒラメ社員と不燃社員が高い構成比で存在するからである。

つまり、組織を「徹底とスピードのカルチャー」に変革するには、このヒラメ社員、不燃社員に訴えて、彼らの価値観・思考様式・行動様式を転換させることが必要となる。

ただし、不燃社員は上述したように、確信犯、抵抗勢力なので、この勢力までは面倒を見切れない。当面放置し、無駄なエネルギーは使わず、エネルギーは専らヒラメ社員の対策に集中する。

◆ **組織は粘弾性体である**

滑らかなテーブルの上に、ビー玉と消しゴムを置いてみよう。ビー玉は、ちょっと指を弾くだけでサッと転がっていく。しかし消しゴムは、少しぐらいの力をかけても、なかなか動かない。動き出すのは、だいぶ力を加えてからである。

ビー玉のように、力を加えるとすぐ変位するものを「完全弾性体」と呼ぶのに対し、消しゴムのようになかなか変位しないものを「粘弾性

図表8-12 ▶ 組織は粘弾性体である

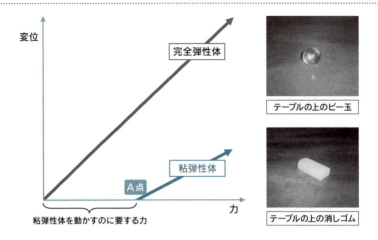

体」と呼ぶ。もちろん、ビー玉とテーブルの間には若干の摩擦抵抗があるので、ビー玉も完全な弾性体ではないが、ここではそのような議論は無視しよう。

　会社組織は、この例を引用すると、粘弾性体である。完全弾性体に近い組織がないことはない。宗教団体がそれに近いといえる。教祖の言葉に信者は忠実に耳を傾け、献身的に動いてくれる。しかし、企業はそういうわけにはいかない。

　粘弾性体の粘度も会社によって異なる。非常に粘度が高く、大きな環境変化にも動きがとても鈍い会社も少なくない。

　現在の「鈍な企業カルチャー」を徹底とスピードの「敏な企業カルチャー」に変えたくても、経営者の思いどおりにはいかない。粘弾性体の仕業である。

　消しゴムが、ある一定の力をかけてやっと動き出すように、会社の組織は、図表8-12中のA点まで、かなりの力をかけないと動かない。A点の位置は会社によって異なる。カルチャーの程度の悪い企業は、A点

の位置がかなり遠くなる。

　企業カルチャーの変化は、上述のヒラメ社員がカギを握るわけであるから、図中のＡ点がヒラメ社員の価値観、思考様式、行動様式が変化を開始する地点であるともいえる。

5 企業カルチャーの変革のステップ

5-1 経営者の「たった1人の戦い」ではなく、組織ダイナミズムを使う

　企業カルチャーの変革は、経営者にしかできない仕事であるが、だからといって経営者が1人で社員集団に向かっていっては、成功はおぼつかない。ドン・キホーテが単騎一本の槍で、大きな風車に向かうようなものである。

　組織を動かすには、組織を使う。まず少数派の火ダネ社員を自陣に引き込むのだ。

　前に述べたように、粘弾性体の組織は、現状からなかなか動こうとしないが、その実態の大半はヒラメ社員である。このヒラメ社員集団は、最高トップの位置にいる社長が、いくら吠えようがわめこうが、今までの価値観を捨てて、トップが提唱する新しい価値観には、簡単には宗旨替えしてくれない。

　このような現状維持に凝り固まっている組織を変えるには、経営者が変革に前向きな火ダネ社員に働きかけ、経営者と火ダネ社員が一体となり、その火ダネ社員が改革のモデルとなって、ヒラメ社員のカルチャーを変えていくのである。

　その変革のプロセスを表したのが、図表8-13である。

　第1段階は、経営者が火ダネ社員を改革運動に巻き込む（図中の初期）。

　第2段階は、火ダネ社員が周囲の「潜在的可燃社員」に働きかけて、

図表 8-13 ▶ 非燃焼組織が燃焼組織に変化するプロセス

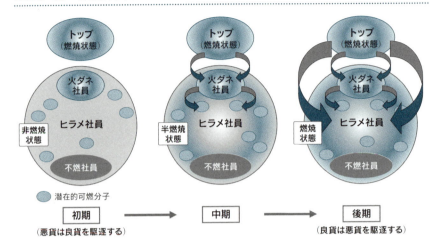

この社員層を火ダネ社員（半燃焼状態）に変革させる（中期）。これによって、今まで冷めていた社内が可燃状態に変化する。

第3段階は、火ダネ社員グループが経営者と一体となって、大集団のヒラメ社員に働きかけ、非燃焼組織を半燃焼組織に、次いで燃焼組織に変えていく（後期）。

企業カルチャーが変わるということは、企業の中でこのような燃焼状態の変化が起こることを意味する。トップ1人では、なかなかこのような変化を起こすことはできない。

5-2 変革の4つのステップ

図表8-13は、やや小振りの企業のカルチャー変革に適したものであるが、次の図表8-14は、やや大振りの、社員数が100名前後以上の企業のカルチャー変革、いわば「社内革命」を起こさせる場合に適したものだ。カルチャー変革を4つのステップ（仕掛け）に分けて描いてある。

図表 8-14 ▶ 企業カルチャー変革 4つのステップ(揺さぶりと波動のメカニズム)

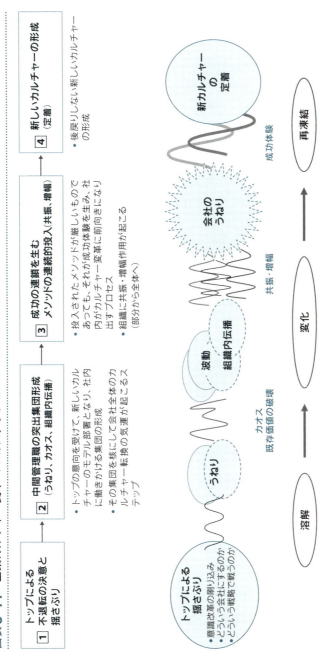

第8章 企業カルチャーを変革する

これは前述した日産自動車の「社風変革」プロジェクトで実際に使われた、いわば「効果確認済み」のプロセスである。

　企業カルチャー変革は、前述してきたように、単なる業務改革ではなく、人の心の有り様、つまり価値観を変える意識改革だ。ステップを踏み、社員に訴え、揺さぶりをかけて、古くて悪しきカルチャーで凍結していた社内を、燃焼状態にして溶解し、新しい価値観を受容する変化を起こさせなければならない。

　この４ステップを成功させるうえでカギとなるのは、①トップによる揺さぶり、②中間管理職の突出集団の形成、③成功の連鎖を生むメソッドの投入である。

◆〔STEP 1〕トップによる不退転の決意と組織に対する揺さぶり

　自社のカルチャーを変える場合は、まず初めにトップの「なんとかして会社を変えたい！」という強い決意、思いがなければならない。そして思い、願望だけではなく、それを踏まえて経営者が、組織に対する「揺さぶり」をかける必要がある。

　よく会社や工場の中に、「ものづくり世界一！」とか「顧客満足度日本一！」というような勇ましいスローガンを掲げている会社がある。しかし掲げるだけで、特に経営者が社内を揺さぶっている形跡が見られない会社が多い。このような「スローガン経営」や「願望経営」では、企業カルチャーは変えられない。

　日本電産のグループ企業経営者に対する揺さぶりは、「一番以外はみんなビリや！」であり、自社が属する業界のトップ企業になることがグループ企業経営者に求められる。

　重厚長大の鈍なGEをエクセレントカンパニーに変えたジャック・ウェルチの改革は、「世界シェアで１番か２番にならない部門は、売却・清算する（No.1・No.2戦略）」という揺さぶりが部門経営者を突き動かした話はご存じのとおりである。

また、韓国の一ローカル企業にすぎなかったサムスン電子を、5年で世界最大の情報家電会社にしたのは、李健熙会長の企業カルチャー改革であり、その言葉として有名なのは、「女房、子ども以外は全部変えろ！」である。

　ルノーから日産に落下傘降下したカルロス・ゴーン社長が、役員に求めた揺さぶりは「2年連続で業績未達役員はクビ」であった。これによって、慢性未達会社が1年で豹変した。

◆〔STEP 2〕中間管理職の突出集団の形成（改革のうねりと組織内伝播）

　大きな集団のカルチャーを変えるうえで、このステップは重要である。企業規模の大小を問わず、経営者がカルチャーを変えたいあまりに、大集団に対して「たった1人の戦い」を挑み、「（自分と同じ）危機感を持て！」と訴えても、集団はビクともしないことは前述したとおりである。「あの人は経営者だから、危機感を持つのは当然」と片づけられてしまう。

　社員の価値観を変えるには、同じ階層の社員を使わねば社員の心に響かない。つまりトップの意を体して自ら改革のモデル部署となり、社内に働きかける「突出集団」が必要である。この組織が、トップと意識・感性を共有して社内を燃焼状態に転換させていく。

　この経営者＋突出集団のコンビネーションによる改革図式は、古くは、江戸中期の上杉鷹山による米沢藩改革がそれに当たると見てよいだろう。鷹山は、ジョン・F・ケネディ大統領が就任後の日本人記者団との会見で、最も尊敬する日本人として名前を挙げたことで有名である。

　米沢藩上杉家は、もとを正せば会津藩120万石、家臣団5000名、藩祖が上杉謙信の大藩だ。それが、関ヶ原の戦いで西軍に味方したために米沢藩（30万石。実高は15万石とも）に減移封。5000名の家臣団をリストラせずに連れて行ったために、藩財政は最初から大赤字であった。それが積もり積もって借金で首が回らなくなり、江戸時代中期には幕府に藩返

上(つまり、自己破産)を願い出る寸前にまで追い込まれる。

　その時期に九州の小藩から若くして婿入りしたのが、上杉治憲(のちの鷹山)であった。いまでいう「途中入社」藩主である。藩内の空気は新藩主をよそ者扱いし、若いが的を射た改革策は、老臣以下大勢を占める保守的なヒラメ藩士、不燃藩士の前に何度も頓挫する。

　それに対し鷹山が打った手は、自分の周りに、若い火ダネ藩士の突出集団を設けたことであった。この藩主と改革派武士団のジョイントチームによる執念の活動により、不燃状態だった藩が半燃焼状態、次いで燃焼状態に変わり、ついに米沢藩は蘇り、借金を完済しただけでなく、多額の剰余金を貯えるまでになったという。このあたりの展開は、童門冬二氏の『小説 上杉鷹山』に詳しい。

　現代におけるこの改革図式は、日産のカルロス・ゴーン改革での次課長によるクロス・ファンクショナルチーム(部門横断チーム)の例で見ることができるだろう。ゴーン社長も「途中入社」藩主である。自力ではなく、他力をうまく使って短期間で改革を成し遂げることに成功した。

◆〔STEP 3〕成功の連鎖を生むメソッドの連続的投入(部分から全体への波動)

　このステップでは、前のステップで生まれた中間管理職の突出集団の動きが、組織に「共振・増幅」作用を引き起こすようになる。

　会社の中に改革の気運が起こり、組織が半燃焼状態から燃焼状態に移る段階。ヒラメ社員、ヒラメ部署の意識改革も進んでいく。この機を逃さず、日常業務の変革を起こすメソッドを順次、全社展開していく(図表8-15)。

　特に、このステップの初期の段階では、「成功の連鎖」を起こしやすいメソッドを選んで突出集団を動かすことがカギとなる(図中で、濃く塗った部分のメソッド)。

　成功の連鎖が起こらなければ、カルチャー変革はここでストップするので、この第3ステップが改革進展の要となる。

図表8-15 ▶ 企業カルチャー変革に対応したメソッドの連続的投入

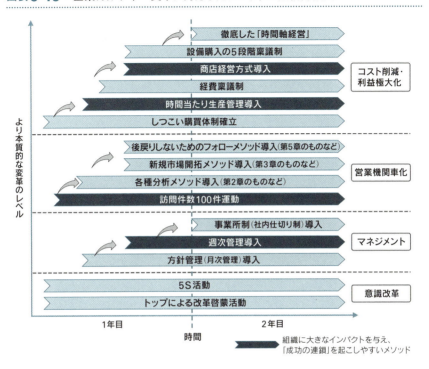

　成功の連鎖が起これば、しめたものである。燃焼状態になりつつある組織に、連続して他のメソッドを投入して、改革が途切れないようにする。社内は何回かの成功体験を経て、新しいカルチャーが古いカルチャーに取って代わるようになり、徹底とスピードの会社へと転換していく。

　日本電産の買収企業に対する再建では、図に示した各メソッドは、ほぼ1年以内に組織に投入できるが、図では、2年程度かけて投入する形にしてある。この時間軸は企業の、そのときのカルチャーの進展の実態に応じて伸縮すればよい。

6 経営者のリーダーシップ

　良き企業カルチャーを作るうえで、経営者のリーダーシップが欠かせないことは、もはや論をまたないことであろう。本章の最後に、リーダーシップについてまとめたい。

　もちろん、私のような器の人間がリーダーシップを論ずるには値しない。以下に述べることは、私が日本電産グループで、経営者の端くれとして経営再建にあたる傍ら、永守社長から教えを受けた「リーダーのあり方論」を、私なりの解釈でまとめたものである。

◆ポイント1　人を変えて、企業を変える

　企業の変革とは、畢竟（ひっきょう）、「人を変えて、企業を変える」ことにほかならない。しかしながら、多くの会社の経営者の方々は、業績向上のために、まず組織を変えようとする。本当は、人（の心）を変えて適材にして、組織に当てはめなければならないが、そういう前段取り作業は後回しにし、とにかく組織を変えたがる。つまり、「組織を変えて、企業を変える」ことを考える。

　あるいは、戦略やビジネスモデルを変えることが、企業変革の最重要事項だと考える経営者の方もおられる。すなわち、「戦略を変えて、企業を変える」という選択肢をとる。しかし組織は、企業の部屋割りにすぎない。いくら部屋割りを変更しても、そこに住む人のマインドが変わらないと、意味をなさない。

　また戦略も、それを実行する組織の「スピード」と「徹底」のカルチャーの裏づけがなければ効果が出ない。

　このように企業は、戦略や日常業務のルーティンを含むさまざまな業務を実行するための組織体であり、実行力を上げていくためには、その根底に「人の価値観を変えて、企業を変える」企業カルチャーがしっか

りとした地盤になっていなければならない。

◆ポイント2　自分のリーダーシップを点検する

　「ウチの営業は執念が弱い。いつも未達だ」「どうしてウチの現場は、つまらない不良を繰り返すのか」……。こういった経営者の嘆き節は枚挙に暇がない。

　このような日常的、現象的な問題以外に、自社の体質的、構造的な問題点を滔々と述べられる経営者の方もおられる。しかし、よくよく考えてみれば、そういう会社にしているのは、誰なのかであろうか。

　社員が悪いのは、実は自分が悪いからではないのか？　会社の体質が問題なのは、自分のリーダーシップが成さしめる技ではないのか？　私は日本電産グループ会社の再建を担当しているときに、このことを永守社長からとことん指導された。

　それ以来、私は「自分を映し出す鏡を持て」と自分に言い聞かせてきた。鏡があれば自分の居住まいを正せる。私はそれ以来、社内の小さな事象にも視覚、嗅覚を働かせ、自分のリーダーシップに問題がないか、脇が甘くなっていないかを、自分がもう1人の自分を見るように努めてきた。

　社長になると、景色が変わる。今までお伺いを立てていたことがなくなって、自分の意思で経営ができるようになる。

　「副社長と社長の距離は、課長と副社長の距離よりも遠い」

　これはある大企業の副社長から聞いた言葉であるが、それぐらい、社長の地位は高い。しかし、権力を持てる反面、自分のことがわからなくなる。誰も言ってくれる人がいなくなるからである。あのうっとうしい「査定」もなくなって、青天井に近い。

　経営者が「裸の王様」になれる素地が、社長になったとたんにできあがっている。だからこそ経営者には、「自分を映す鏡」が必要になるのである。これは自分が意識して持とうとしない限り、他人が用意してく

れるものではない。

　本章では、エディ・ジョーンズHCが、チーム経営の一環として、自己点検に努力している様子を紹介した。ジョーンズHCは自らやるべきことをToDoリストとしてノートに記し、2カ月ごとにその進展を自己レビューするという話であった。「選手に指導するように、自分自身も指導する。つまり、自分のコーチングに自らも従うんだ」(柴谷、前掲書)。このジョーンズHC自身の言葉も紹介した。

　トップの座にある人は、自分のリーダーシップのチェックリストを用意し、甘い経営に陥らないように気を配らなくてはならない。水は方円の器に従うという。自分のリーダーシップが、会社という方円の器の大きさを決めるということを肝に銘じなければならない。

◆ポイント3　逃げない経営──「困難は解決策を連れてやってくる」

　本章の冒頭で、永守社長が経営者に必要な3つの資質の1つとして、「絶対に逃げないこと」を挙げておられることを紹介した。永守社長は、このことを次の言葉を使ってグループ会社の経営者に説明される。表題は、「困難は解決策を連れてやってくる」。

　永守社長はこう語る。「向こうから『困難さん』がやって来るとしよう。誰でも困難からは逃げたい。だから、君たちも困難から逃げたいと思うだろう。しかし、困難さんから逃げたとしよう。困難さんは、逃げた君たちの脇をすうっと通り過ぎて行く。ああ良かった、困難から逃げられたと安堵する。しかし、ひょっとその後ろ姿を見たら、背中に『解決策』というリュックを背負っているじゃないか。困難から逃げたら、解決策も逃げていくんだぞ」

◆ポイント4　求心力を上げる経営──「in the same boat」の精神

　「そんな厳しい経営、社員がよくついてきますね」……。これが、私が日本電産の経営の話を企業の経営者の皆さんにすると、約半数の方々

から返ってくる反応である。

　それに対する私の答えは、「厳しいが、社員をついてこさせる経営ではある」「その経営は、経営者による求心力型のリーダーシップである」ということである。

　たとえば、会社でコストダウン計画を実行する場面を考えよう。売上が急減して、大幅なコストダウンをしなければ、会社が赤字転落する状況だったので、トップが高い目標の計画を購買部門に指示した。しかしそれに対して、担当や部課長ベースでは未達になったとする。未達を叱っただけでは、トップと社員の溝が深まるばかりだ。トップ自身が高い目標を出した以上、トップが最後の尻拭いのネゴ交渉を行い、目標を達成させる。

　そうすると、下が上を見る態度が変わってくる。トップへの求心力が生まれるのである。部下はトップの背中を見ている。背中に、何も語るものがなければ、部下はトップについていかない。

　「トップは恨まれるな。畏（おそ）れられよ」という言葉がある。

　「畏れ」は「恐れ」とは違う。「恐れ」は単なる恐怖心だが、「畏れ」は畏怖、つまり敬意を持ってかしこまる、相手の実力・力量に圧倒される（『広辞苑』）という意味がある。

　トップは怖いが、やるときはやる。オレたちの先頭に立って実行してくれる。トップがこの「in the same boat」（同じ船に乗る）の精神で、先頭に立つ姿勢を見せれば、社員の間にトップを畏怖する気持ちが芽生え、トップのもとにチャレンジするチームが必ずできあがる。「徹底する経営」は、社長の「人間力」が問われる経営でもある。

◆ポイント5　自分の作品を作る経営

　「経営とは、自分の作品を作ることである」……。「プロローグ」で述べたことをもう一度最後に取り上げたい。会社というキャンバスがある。経営とは、そこにどういう絵を描くかだ。その絵は、経営者が、全

能力を賭けた作品でなければならない。

　やがて経営者は会社を去るが、経営者が去ると同時に、作品も消えていくようなものであっては、経営者がその会社に存在した意味がない。

　オーナー経営者ではないプロ経営者なら、会社をどう引き継ぎ、どう伸ばし、何を残したか。オーナー経営者なら、１代目が高度経済成長の波に乗って、才覚で創業した会社を、２代目、３代目として、単に補修、補強する経営ではなく、次世代に通用する新たなビジネスモデルとして、残せるかどうかであろう。

　経営者が１人の人間として、人生を終えるにあたっての最大の喜びは、「自分はあの会社に、立派な作品を残した」という満足感ではないだろうか。

　経営者の日常のリーダーシップも、そのような「自分の作品を残す」という、高い目的意識に裏打ちされたものでなければならない。

参考文献

- 青木茂「トップマネジメントとしての機能別管理」『品質管理』32巻2号（1981年）、pp.204-210

- 荒木香織『ラグビー日本代表を変えた「心の鍛え方」』講談社＋α新書、2016年

- 飯塚幹雄『市場づくりを忘れてきた日本へ。──世界7億人の富裕層に向けた実践「グローバルお金持ちマーケティング」』しょういん、2009年

- 李慶植『李健煕──サムスンの孤独な帝王』福田恵介訳、東洋経済新報社、2011年

- 生島淳「リアル・ハードワーカー」『ラグビーW杯日本代表1301日のJAPAN WAY──ラグビー日本代表、ワールドカップまでの4年間』ベースボール・マガジン社、2015年

- 稲盛和夫『京セラフィロソフィ』サンマーク出版、2014年

- 今村英明『法人営業「力」を鍛える──BCG流ビジネスマーケティング』東洋経済新報社、2005年

- 引頭麻美『JAL再生──高収益企業への転換』日本経済新聞出版社、2013年

- 鵜飼秀徳『寺院消滅──失われる「地方」と「宗教」』日経BP社、2015年

- 大野耐一『トヨタ生産方式──脱規模の経営をめざして』ダイヤモンド社、1978年

- 大西康之『稲盛和夫最後の闘い──JAL再生にかけた経営者人生』日本経済新聞出版社、2013年

- 大前研一『大前の頭脳──「産業突然死」時代を生き抜く知恵』日経BP社、2009年

- 大前研一編著『大前研一と考える「営業」学──営業こそプロフェッショナルを目指せ』ダイヤモンド社、2011年

- 柿内幸夫・御沓佳美『最強のモノづくり』日本経営合理化協会出版局、2001年

- 河田信『トヨタシステムと管理会計──全体最適経営システムの再構築をめざして』中央経済社、2004年

- 楠木建『戦略読書日記──本質を抉りだす思考のセンス』プレジデント社、2013年

- 楠木建『「好き嫌い」と経営』東洋経済新報社、2014年

- 栗谷仁『最強の営業戦略──企業成長をドライブするマーケティング理論と実践の仕掛け』東洋経済新報社、2009年

- ケン・ブランチャード／スペンサー・ジョンソン『1分間マネジャー──何を示し、どう褒め、どう叱るか！』小林薫訳、ダイヤモンド社、1983年

- 酒井貴光・矢野弘『今日から使える図説「トヨタ式カイゼン」実践マニュアル』イースト・プレス、2007年

- 柴谷晋『ラグビー日本代表監督エディー・ジョーンズの言葉──世界で勝つための思想と戦略』ベースボール・マガジン社、2015年

- 杉田浩章『思考する営業──BCG流営業戦略』ダイヤモンド社、2009年

- 妹尾堅一郎『技術力で勝る日本が、なぜ事業で負けるのか──画期的な新製品が惨敗する理由』ダイヤモンド社、2009年

- 田岡信夫『ランチェスター販売戦略〈1〉』ビジネス社、1972年

- 高杉良『覇権への疾走』講談社、1984年

- 高杉良『破滅への疾走』徳間文庫、1984年

- 立石泰則『さよなら！　僕らのソニー』文春文庫、2011年

- 田村賢司『日本電産　永守重信、世界一への方程式』日経BP社、2013年

- 『中央公論』「壊死する地方都市」2013年12月号

- 『中央公論』「消滅する市町村523全リスト」2014年6月号

- 童門冬二『小説 上杉鷹山』集英社文庫、1996年

- 中丸秀昭『売上が2倍に上がる法人営業戦略の教科書』クロスメディア・パブリッシング、2015年

- 永守重信『人を動かす人になれ！』三笠書房、1998年

- 永守重信『情熱・熱意・執念の経営——すぐやる！ 必ずやる！ 出来るまでやる！』PHP研究所、2005年

- 永守重信「永守重信の経営教室」『日経ビジネス』2012年1月9日号〜2月6日号（全5回）

- 『日経ビジネス』「特集　家電ニッポン　最後の戦い」2011年9月26日号

- 『日経ビジネス』「特集　日本が危ない——先送り経営と決別せよ」2016年1月11日号

- 日本電産30年史編集委員会編『果敢なる挑戦——日本電産30年史』2003年

- 原英次郎『心は変えられる——稲盛和夫流「意識改革」で会社、人はどう変わったのか』ダイヤモンド社、2013年

- 日野三十四『トヨタ経営システムの研究——永続的成長の原理』ダイヤモンド社、2002年

- 福田秀人・ランチェスター戦略学会『ランチェスター思考——競争戦略の基礎』東洋経済新報社、2008年

- 洪夏祥『サムスン経営を築いた男——李健熙伝』宮本尚寛訳、日本経済新聞社、2003年

- 増田寛也『地方消滅——東京一極集中が招く人口急減』中公新書、2014年

- 三菱総合研究所「マネジメント'90——成熟・異質・創造の時代における戦略的組織構築に向けて」1985年

- 宮崎智彦『ガラパゴス化する日本の製造業——産業構造を破壊するアジア企業の脅威』東洋経済新報社、2008年

- 山田秀『TQM品質管理入門』日経文庫、2006年

- 湯之上隆『日本型モノづくりの敗北——零戦・半導体・テレビ』文春文庫、2013年

- 横田宏信『ソニーをダメにした「普通」という病』ゴマブックス、2008年

- 横山信弘『絶対達成マインドのつくり方——科学的に自信をつける4つのステップ』ダイヤモンド社、2012年

- 吉川良三『サムスンの決定はなぜ世界一速いのか』角川書店、2011年

- ラム・チャラン『徹底のリーダーシップ』中嶋愛訳、プレジデント社、2009年

- リチャード・コッチ『人生を変える80対20の法則 新版』仁平和夫・高遠裕子訳、cccメディアハウス、2011年

- 若松義人『新トヨタ式「改善」の教科書——世界No.1に導いたものづくりの原点』東洋経済新報社、2014年

【著者紹介】
川勝宣昭（かわかつ　のりあき）
DANTOTZ consulting代表取締役。
1942年三重県生まれ。1967年早稲田大学商学部卒業、日産自動車に入社。広報室、企画室、電子技術本部、中近東アフリカ事業本部部長、南アフリカ・ヨハネスブルグ事務所長などを歴任。1998年に急成長企業の日本電産にスカウト移籍。同社取締役経営企画部長（M&A担当）を経て、カリスマ経営者・永守重信氏の直接指導の下、日本電産芝浦専務、日本電産ネミコン社長を歴任。永守流「すぐやる、必ずやる、出来るまでやる」のスピード・執念経営の実践導入で破綻寸前企業の1年以内の急速浮上（売上倍増）と黒字化をすべて達成。2008年に経営コンサルタントとして独立。現在、中小企業から一部上場までのクライアント企業に対し、「速攻型市場攻略」の経営法を指導している。著書に『日本電産永守重信社長からのファクス42枚』『日産自動車　極秘ファイル2300枚』（ともにプレジデント社）がある。
ウェブサイト　DANTOTZ.com

日本電産流「V字回復経営」の教科書

2016年12月15日　第1刷発行
2022年 7月29日　第7刷発行

著　者──川勝宣昭
発行者──駒橋憲一
発行所──東洋経済新報社
　　　　　〒103-8345　東京都中央区日本橋本石町1-2-1
　　　　　電話＝東洋経済コールセンター　03(6386)1040
　　　　　　　　https://toyokeizai.net/

装　丁………………竹内雄二
本文レイアウト・ＤＴＰ……米谷　豪（orange_noiz）
編集協力……………鮫島　敦・沖津彩乃（アトミック）
印　刷………………港北メディアサービス
製　本………………積信堂
編集担当……………佐藤　敬
©2016 Kawakatsu Noriaki　　Printed in Japan　　ISBN 978-4-492-53385-7

本書のコピー、スキャン、デジタル化等の無断複製は、著作権法上での例外である私的利用を除き禁じられています。本書を代行業者等の第三者に依頼してコピー、スキャンやデジタル化することは、たとえ個人や家庭内での利用であっても一切認められておりません。

落丁・乱丁本はお取替えいたします。